Felix M Dietrich
17/11/2021

Alain Finkielkraut · Ich schweige nicht

Alain Finkielkraut

*1949

Ich schweige nicht

Philosophische Anmerkungen zur Zeit

Aus dem Französischen
von Rainer von Savigny

LMV

Titel der französischen Originalausgabe: *À la première personne*

Das Gespräch von Alain Finkielkraut und Peter Sloterdijk wurde von Josephine Mikorey ins Deutsche übertragen.

FSC www.fsc.org
MIX
Papier aus verantwortungsvollen Quellen
FSC® C083411

Lektorat: Dr. Annalisa Viviani, München
Umschlaggestaltung: Sabine Schröder
Satz: VerlagsService Dietmar Schmitz GmbH, Heimstetten
Druck und Binden: CPI books GmbH, Leck
Printed in Germany
ISBN 978-3-7844-3606-7

www.langenmueller.de

für Milan Kundera

Inhalt

Statt eines Vorworts

Alain Finkielkraut im Gespräch mit Peter Sloterdijk

P. S.: Es ist eine ganze Weile her, lieber Alain Finkielkraut, seit wir uns zuletzt gegenübersaßen, um unsere Ansichten über Gott und die Welt auszutauschen. Damals empfanden wir das Bedürfnis, das Curriculum der Enttäuschungen abzuarbeiten, das zu den historischen Mitgiften unserer Generation gehörte. Es ist seither viel Wasser die Seine hinabgeflossen, der Fokus des zeitdiagnostischen Denkens hat sich verschoben, neue Sorgen erzwingen veränderte Akzentsetzungen, doch was man schon vorab notieren kann, ist wohl, dass die Versuche, aus der Geschichte zu lernen, nicht einfacher geworden sind.

A. F.: Nach den Enttäuschungen der linken Periode, die ganz der strahlenden Zukunft einer universalen Emanzipation zugewandt war, wollten

Sie *alt werden: dreitausend Jahre alt*, so sagten Sie in dem Gespräche-Buch, das wir vor anderthalb Jahrzehnten gemeinsam auf Französisch edierten. Wörtlich sagten Sie: »Ich hatte damals ein ziemlich kindliches Konzept der Geistesgeschichte, die Vision eines enormen Schatzes, der mich aufforderte, ihn mir anzueignen.«[1] Dieser Satz hat mich geprägt. Oft denke ich an ihn, weil er die naivste und tiefgründigste Definition der Kultur bietet. Kultur ist, was einem Alter verleiht. Solch eine Idee passt jedoch nicht mehr in die heutige Zeit. Heute wird die Jugend dazu angeregt zu bleiben, wie sie ist. Kein Erwachsener, Lehrer oder Elternteil wird einem Kind oder einem Halbwüchsigen sagen: »Werde älter!«. Den Erwachsenen hingegen wird befohlen, jung zu bleiben. Wie es Neil Postman seinerzeit in seinem Essay *Amusing ourselves to death*[2] schrieb, tendiert die Darstellung aller Dinge zur Form der Unterhaltung; die Jugend ist dabei, das emblematische Publikum zu werden. Man soll die Jugend auch nicht aus diesem Zustand herauserziehen wollen, wenn man nicht als *»vieux schnock«* bezeichnet werden möchte.

P. S.: Wer in Deutschland etwas in dieser Art ausdrücken möchte, würde den Ausdruck *white old man* verwenden.

A. F.: Auch noch *white*!

P. S.: Die Redewendung hat sich unter den Jüngeren schnell verbreitet, das Feuilleton hat sie ebenfalls aufgenommen, wenn auch öfter noch ironisch. Ich bekam sie jüngst von einer jungen türkischen Feministin zu hören, die das Kopftuch trug und mich als *white old man* ansprach, als ich ihr auf einem Podium in Berlin begegnete. Was da geschieht, läuft wohl auf eine Art von Kulturrevolution mit westlichen Mitteln hinaus. Ein älterer chinesischer Professor, der die von Mao entfesselten Ereignisse noch erlebt hatte, sagte mir vor längerer Zeit: »Ich verstehe Euch Europäer nicht mehr, Ihr habt eine Kulturrevolution veranstaltet, mit ebenso verheerenden Ergebnissen wie damals in China, und das alles freiwillig«. De facto haben die Chinesen inzwischen, indem sie nach der Mao-Ära wieder an die konfuzianische Tradition anknüpften, viele von den barbarischen Effekten ihrer Kulturrevolution wiedergutgemacht und sich auf ihre ursprüngliche Kraft besonnen. Sie sind ja seit jeher die große Zivilisation des Übens. Dieses Motiv ist eine meiner Marotten: Höhere Kultur funktioniert wie ein Trainingslager für Leistungsträger – wenn eine Sportmetapher schon einmal nützlich sein kann. Jede Generation muss eine ausreichende Anzahl junger Menschen hervorbringen, die die Last ihrer Zivilisation auf der Höhe der aktuellen Ansprüche tragen. China ist eine Herausforderung für den Rest der Welt geworden, weil die Chinesen traditionell viel mehr üben und trainieren als unsereins. Die Stimmung hierzulande zeigt in die entgegengesetzte Richtung, die Ungeübten und Unbelesenen rücken vor. In Deutschland sind die Politiker jetzt jünger, die meisten haben auf Kultur verzichtet wie auf einen unnötigen Ballast. Wir sehen zurzeit eine 39-jährige Kanzlerkandidatin, deren einziges Verdienst darin besteht, jung, forsch und hübsch zu sein. Als wolle man ihre unzureichende Qualifizierung rechtfertigen, sagt man von ihr gern, »sie lernt schnell«.

A. F.: Der Ausdruck *white old man*, der in Deutschland unseren »*vieux schnock*« bezeichnet, frappiert mich. Es ergeben sich für mich verschiedene Schlussfolgerungen: Antirassismus ist in Europa kein moralisches Prinzip mehr, sondern eine Ideologie, im Sinne Hannah Arendts: ein System der totalen Erklärung der Welt und des Lebens. Es gibt kein einziges Ereignis, kein menschliches Phänomen mehr, das nicht von Verteidigern des Antirassismus erläutert werden könnte. Vor Kurzem gab es eine militärische Konfrontation zwischen Israel und Hamas-Kämpfern aus dem Gazastreifen. Was hatten die *wokes* dazu zu sagen, jene »Aufgeweckten«, die wie am Fließband von amerikanischen Universitäten hergestellt werden, in Wirklichkeit aber Schlafwandler sind? Sie haben nur immer wieder gerufen: *Palestinians can't breathe, palestinian lives matter.* In Bezug auf diese Tragödie ohnegleichen verwendeten sie plakative Sprüche, die nach dem Mord an George Floyd aufgekommen waren.

Was man aber wirklich über Palästina sagen muss, ist zumindest, dass die Rassenfrage nicht im Mittelpunkt des Konflikts steht. Es handelt sich um einen Nationenkonflikt, der in einen Religionskrieg ausartet. Doch der Antirassismus ist überall und begleitet uns auf Schritt und Tritt. Man kann gar nicht mehr anders denken. *White old man*: Das klingt für mich, als wollte man die westliche Zivilisation in allen Aspekten ihrer Geschichte als eine kriminelle Zivilisation bezeichnen, die Buße tun muss. Sie soll sich selbst auflösen, an sich selbst sterben. Der Wunsch, in einem realen *Dasein* zu überleben, wandelt sich somit in einen Willen, *nichts zu sein,* um nie wieder auszugrenzen, niemanden mehr zu misshandeln. Von da an hat »alt werden« jeden Sinn verloren, weil es impliziert, sich Werke anzueignen, deren Autoren nicht mehr empfehlenswert sind. In Princeton werden heute feierlich Klassiker entsorgt; man verbietet das Studium von Platon oder Aristoteles, um endlich mit der weißen Vorherrschaft Schluss zu machen. Es sind die Professoren selbst, die das große Autodafé vollbringen. Ich habe *À la première personne (Ich schweige nicht)* unter anderem auch geschrieben, um mich gegen Anklagen zu verteidigen, deren Objekt ich selbst war. In den Augen einiger einflussreicher Intellektueller der französischen Szene wurde ich zum deklarierten Vertreter der identitären rassistischen Gewalt, und dies aus zwei Gründen: Einerseits ist mir die französische Nation wichtig, und ich verteidige ihr Recht auf historische Kontinuität, andererseits bin ich auch um Israel besorgt. Obwohl ich nun seit vierzig Jahren zugunsten eines territorialen

Kompromisses oder für die Zweistaatenlösung plädiere, finde ich mich immer auf der Seite der Schuldigen, der Verfolger, der Rassisten. Genau so wird geredet, genau so wird gedacht. Gewiss, wir leben nicht in einem totalitären Staat, aber es ist offenkundig, dass die Exkommunikation die Kommunikation ersetzt hat. Man hätte meinen können, dass die bürgerliche Freundschaft nach dem Sturz der totalitären Ideologien ihren Platz wiedergewinnen würde. Doch nach einem kurzen Zwischenspiel hat sich erneut der Krieg an die Stelle der Freundschaft zwischen den Bürgern geschoben. Man stellt sich gar nicht mehr die Frage, ob jemand, der anders denkt, uns vielleicht auch etwas lehren könnte. Man hetzt gegen den Rassisten, das heißt den »Feind des Menschengeschlechts«.

P. S.: In Bezug auf den Rassismus erwähnen Sie sehr zu Recht die Situation auf dem amerikanischen Campus. Der Ausgangspunkt fast aller ideologischen Bewegungen, die uns heute Sorgen machen, findet sich in den Parolen, die dort einer hilflosen Mehrheit der Studenten von kleinen aktivistischen Gruppen aufgezwungen werden. Die Mehrheit ist mit der Machtübernahme durch eine Minderheit konfrontiert, die sich bei dieser Gelegenheit an der Mehrheitszivilisation revanchiert. Das Zauberbuch dieser Hexerei liegt bei der amerikanischen Universität. Dies erinnert mich an eine scharfsinnige Bemerkung Thomas Hobbes', der im 17. Jahrhundert notierte, die Universitäten seien Ursprung aller Faktionen, die den Bürgerkrieg anstacheln. Er pries damals eine radikale Therapie: den Absolutismus des auf Phobokratie gegründeten modernen Staates. Wo nicht die Furcht regiert, gibt es keine soziale Ordnung, und in Abwesenheit eines Leviathans, der die Ordnung garantiert, wird jeder zum Henker des anderen und nimmt sich das Recht, den Nächsten hinterrücks zu erstechen. Alle Bürgerkriege beruhen auf einer Konfliktethik, die ohne jeden Sinn für Ritterlichkeit den heimtückischen Mord legitimiert. Wie es auch bei dem jungen Tchen der Fall ist, einer Romanfigur in André Malraux' *So lebt der Mensch*,[3] der am Anfang des Romans einen Mord an einem schlafenden Mann begeht und sofort der Droge der Gewalt verfällt. Die Amerikaner sind noch nicht ganz so weit, einen offenen Bürgerkrieg zu führen, und bei uns stellt der Multikulturalismus bei Weitem kein so großes Problem dar wie in den USA. In Deutschland leben etwa zwölf Prozent Ausländer, doch circa jeder Vierte im Land hat einen »Migrationshintergrund«, was besagen soll, die Eltern und Vorfahren seien noch nicht Deutsche gewesen. Bei solchen Zahlen kann von einem Überfremdungsdruck kaum die Rede sein, auch die Symptome von Fremdenfeindlichkeit halten sich im Rahmen des anthropologisch Üblichen, von einigen stark mediatisierten Fällen xenophober Ausbrüche abgesehen. Wie weit die Verzerrung der kollektiven Selbstwahrnehmung durch Campus-Viren reicht, ließ sich in Deutschland vor Kurzem am Beispiel der Debatte über die Homosexuellen-Ehe erkennen. Kaum jemand nimmt an den neuen Regeln wirklichen Anstoß, und wenn doch, dann zumeist mit religiös-konservativen Argumenten, die nur für eine Minderheit noch typisch sind. Dennoch hat sich die ganze literarische und publizistische Szene zugunsten der Liberalisierung mobilisiert, als ob es um einen Gesinnungstest ginge, den man unbedingt bestehen musste. Die Theater änderten ihre Spielpläne, die Kulturorganisationen von den Goethe-Instituten bis zu den Volkshochschulen schwenkten auf das Thema ein. Das Ergebnis bestand in einer eklatanten Verkennung der Realitäten, wie die Statistik sie beschreibt: Den circa 70 000 gleichgeschlechtlichen Ehen, die seit 2017 in Deutschland ermöglicht wurden, stehen 17 Millionen konventionelle Ehen gegenüber, über deren Wohl und Wehe sich die minoritätengetriebenen Medien wenig ereifern. Ich folgere daraus, man darf sich als öffentlicher Intellektueller nicht ständig die Agenden moralisch offensiver Kleingruppen aufdrängen lassen.

A. F.: Ich bin mir nicht sicher, ob das Studium der Statistiken meine Sorge zerstreuen könnte. Die *wokes* wüten ja nicht nur in einigen Campussen, sie beherrschen alle amerikanischen Universitäten, als Professoren wie als Studenten. Ihre Ideologie ist ins Theater und ins Fernsehen eingedrungen, in Unternehmen, Behörden und Presse. Wer heute die *New York Times* oder die *Washington Post* liest, macht eine verblüffende Erfahrung.

Amerika ist dabei, seinen eigenen Kommunismus zu erfinden, ohne dass es von einem *Big Brother* dazu gezwungen würde. Die *New York Times* ist die *Prawda* geworden. Obendrein hat diese Ideologie den Atlantik überquert. Der französische Universitätsunterricht gibt den Studierenden kein »Alter« mehr mit, auch er fabriziert Schlafwandler. Vielleicht bin ich, wie es mir Milan Kundera eines Tages mit freundlicher Ironie sagte, *der Mann, der nicht nicht reagieren kann*, aber es ist eine Tatsache, dass ich in keiner französischen Universität einen Vortrag halten kann, gleich über welches Thema, ohne schlimme Zwischenfälle zu provozieren. Die *cancel culture* hat sich überall verbreitet. Auch wenn sie nicht die Meinungsmehrheit darstellt, besteht doch das Risiko, dass sie in bedeutenden Teilen der Universitätswelt majoritär wird.

P. S.: Das Wort *cancel culture* ist bei uns ebenfalls in Umlauf gekommen, und mit dem Wort kam die Sache. Man praktiziert Kommunikation durch Exkommunikation, die alte katholische Methode, die inzwischen von neognostischen Gruppen, Umweltschützern, Jungsozialisten und Funktionären des Kulturbetriebs übernommen wurde. Wir berühren da ein sehr empfindliches Thema. Für die deutschen Leser ist es dringend nötig, den Unterschied herauszustellen zwischen der von der AfD geführten Polemik gegen die »Lügenpresse« und der meiner Ansicht nach stichhaltigen These, dass faktisch eine Art von Zensur erfolgt, oft im Modus der Selbstzensur. Die Vertreter der Presse behaupten zwar fest und steif, man könne bei uns wirklich alles sagen, zwei Drittel der Deutschen jedoch meinen, man kann es nicht; sie ziehen den Schluss, man müsse sich davor hüten, seine Hintergedanken mitzuteilen. Unter diesen Bedingungen wird jene freie, offene Debatte utopisch, in der alle Beteiligten ihre Gedanken und Hintergedanken unverhohlen anbieten. Verweigert man sich aber der Disziplin des Offen-Redens – der spätere Foucault hat sie unter Rückgriff auf das antike Konzept der Parrhesie gelobt –, entsteht bei den Gesprächspartnern umgehend der Verdacht, dass etwas ungesagt und verborgen bleibt. Ist der Diskussionsraum nicht wirklich offen, kann tatsächlich nicht alles ausgesprochen werden. Das zeigt sich besonders beim Sujet des alt-neuen Antisemitismus, bei dem das meiste durch Vermutungen, Unterstellungen und Hochrechnungen ermittelt wird.

A. F.: Das Paradoxon der französischen Situation enthält eine Ironie, die mit der Tragödie Hand in Hand geht. Vor fünfzig Jahren hat ein Franzose die Aufmerksamkeit auf Probleme gelenkt, die sich der Nation durch eine außereuropäische Masseneinwanderung unweigerlich stellen werden. Er sagte voraus, die Dinge werden schlecht laufen; statt der erwarteten Integration riskiere Frankreich seine Desintegration. Der Mann hieß Jean-Marie Le Pen. Die Partei, die er gründete, wurde ein Unterschlupf für Nostalgiker Französisch-Algeriens und der Kollaboration mit Nazi-

Deutschland. Man hat daraus gefolgert, die Einwanderer seien die neuen Juden. Viele Juden (mich eingeschlossen) haben diese Analogie bestärkt, indem sie sich auf die Leiden ihrer Vorfahren beriefen und den Bibelvers zitierten: »Du sollst den Fremden lieben wie dich selbst, denn ihr seid selbst Fremde in Ägypten gewesen« (Lev 19,34). Es wurde ein kontinuierlicher Druck auf sämtliche Regierungen ausgeübt, die Grenzen zu öffnen. Auf diesem Weg konnte der Antisemitismus, bezogen auf die Neubevölkerung, in Frankreich wieder Fuß fassen. Dieser neue Antisemitismus ist gewiss die Haltung einer Minderheit, aber er schreitet insbesondere mittels *wokes* und *wellwishers* voran, die, ohne selbst Antisemiten zu sein, zum einen den Judenhass nähren, indem sie ein Gleichheitszeichen zwischen Hakenkreuz und Davidstern setzen, und zum anderen die Realität eines Phänomens leugnen, das dem offiziellen Antisemitismus widerspricht: Heute ist es nicht mehr der Staat, der aufrührerisches Gedankengut zensiert, sondern es ist eher das wohlmeinende Denken, das mit unermüdlicher Wachsamkeit die Aufsässigkeit zensiert, wie zum Beispiel die Gewalt gegen die Polizei in Stadtteilen, die als »Problemviertel« bezeichnet werden, um deren Bevölkerung nicht beim Namen nennen zu müssen. Der Wunsch, die Betroffenen nicht zu stigmatisieren, führt dazu, dass immer mehr faktische Wahrheiten verdrängt oder euphemistisch dargestellt werden: Die Zeitung *Le Monde* lässt ihre Leser in einer imaginären Welt leben.

Ich würde hier gern etwas Wichtiges zur Frage des Engagements des Intellektuellen hinzufügen. Als ich anfing, politisch nachzudenken, war die Rechts-Links-Einteilung selbstverständlich. Seitdem ist eine neue Einteilung zum Vorschein gekommen: Auf der einen Seite finden sich die, die enthusiastisch oder resigniert den historischen Prozess begleiten, auf der anderen die, die sich diesem Prozess zu widersetzen versuchen. Wie Tocqueville gezeigt hat, ist die moderne Demokratie ein Prozess einer nie endenden Nivellierung der Bedingungen, ebenso großartig wie erschreckend. In diesem Prozess stirbt die Schule, denn Exzellenz und höherer Anspruch – »das Älterwerden« – werden auf dem Altar des Kampfes gegen die Ungleichheit geopfert. Die Einwanderung ist ein Prozess, zu dessen Umsetzung die höchsten Instanzen auffordern. Dieser Prozess kommt dem der Technik nahe, denn schließlich brauchen wir laut UNO und Europäischer Union die neuen Mitbürger, um die schwache Geburtenrate auszugleichen und unsere Renten zu finanzieren. So bestätigen diese Organisationen Heideggers Diagnose: »Sein heute heißt ersetzbar sein.«[4] Selbst der Umweltschutz droht, zu einem Prozess zu werden.

Betrachten Sie zum Beispiel die Windkraftanlagen. Mitbürger, die auch Anwohner sind, erklären: »Wir wollen diese lauten Giganten nicht, wir lehnen diese überall verbreiteten Embleme der Erdrückung des Menschen ab.« Obwohl das eigentliche Ziel der Ökologen sein sollte, die Erde bewohnbar zu machen, antworten Umweltschützer mit Hinweisen auf vollendete Tatsachen. »So ist es nun einmal! Deutschland hat seine Windparks installiert, ihr hingegen nicht, ihr seid im Verzug.« Kürzlich hat Marine Le Pen einen klug argumentierenden Artikel zur Verteidigung der Landschaften und des historischen Kulturguts gegen die Windkraftanlagen geschrieben. Der Widerstand gegen Windräder ist inzwischen mit einem reaktionären und sogar faschistischen Beigeschmack behaftet. Der Antifaschismus unterstützt den Prozess. Da rühren wir letztlich an den Sinn meiner Interventionen: Was tun, wenn man sich nicht an die Prozesse anpassen möchte?

P. S.: Ich denke, dass der Übergang zum »prozessualen« Ansatz der Weltgeschichte, der sich unter unseren Augen und in unseren Köpfen vollzieht, zugleich faszinierende und fatale Aspekte aufweist. Er zeigt, dass auch die Vergangenheit und die Natur nicht mehr das sind, was sie einmal waren. Sobald die tragische Dynamik des Prozessdenkens mit seinem Akzent auf der Unumkehrbarkeit ins Spiel kommt, entstehen neue Spaltungen zwischen Neu und Alt, Aktion und Reaktion. Sicher kennen Sie das große Buch von Jean Starobinski, *Aktion und Reaktion. Leben und Abenteuer eines Begriffspaares*,[5] die Pflichtlektüre eines jeden Reaktionärs und mehr noch all jener, die gern progressiv wären und merken, dass das nicht so leicht ist. Aufgrund der Untersuchungen zur Logik von Aktion und Reaktion versteht man mit einem Mal, wie es kommt, dass gegebenenfalls auch Reaktion zur Pflicht wird – das tut sie in dem Moment, in dem die Aktion in die Dimensionen des Übertriebenen und Unhaltbaren vorstößt, bei denen der Rest der Welt nicht mitgehen kann. Man erinnere sich an den kritischen Punkt, in dem die noch junge Revolution in Frankreich »zu weit« ging. Edmund Burke, der Gründervater des britischen und europäischen Konservatismus, hat in seinen *Reflections on the Revolution in France (1790)*,[6] einem Buch, das schon sehr früh, sprich mehrere Jahre vor dem erst 1793 erreichten Höhepunkt der Revolution, erschien (Friedrich Gentz, der spätere Sekretär Metternichs, übertrug es ins Deutsche), den Finger auf die sensitive Stelle gelegt: Burke spürte, dass die gewaltsamen Plünderungen der Besitzungen der katholischen Kirche etwas Irreversibles in die Welt setzten. Man zerstört nicht Zehntausende von Kirchen, wenn man nicht vorhat, einen Einschnitt zu setzen, der jenseits aller Wiederherstellung bleiben soll. Der intelligente Konservative errät in diesem Vorgang das Prozesshafte, das nur noch das pure Vorwärts kennt. Auch bei Tocqueville findet man subtile Bemerkungen über den Gestaltwandel der Ereignisse: Selbst die mächtigsten Akteure machten nicht bewusst Geschichte, sie wurden von der Prozesswoge davongetragen; noch im Sommer 1789 verhielten sich die für den Staat Verantwortlichen wie Schlafwandler auf dem Dach, die anzurufen man zögert, damit sie nicht abstürzen, doch als man sie weitergehen ließ, stürzten sie umso mehr.

Der Unterschied zwischen Geschichte und Prozess ist nicht leicht zu erklären. Am plausibelsten scheint es, ihn am Beispiel der Biografie zu erläutern. Das menschliche Leben ist in biologischer Sicht unzweifelhaft ein Prozess, insofern es unumkehrbar von der Geburt bis zum Tode abläuft. Es ist jedoch auch geschichtlich, weil es jederzeit die verschiedenen Stadien, Momente und Ergebnisse seines Ablaufs untereinander verknüpfen kann, sei es in der Erinnerung, sei es in den Zukunftsentwürfen. Daher kann man sagen, die Geschichte sei die Sphäre des Lernens, der Wiederholung, der Korrektur, der Optimierung, der Resilienz, der Integration. Es scheint sinnvoll zu behaupten, die Geschichte sei das Reich der zweiten Chancen. Für sie tut Erinnerung, Geduld und antizipatorische Energie not. Die Grundhaltung des geschichtlichen Denkens hat niemand besser zum Ausdruck gebracht als der spanische Dichter des 17. Jahrhunderts Calderón de la Barca, als er im Titel eines seiner Dramen die Formel prägte: *dar tiempo al tiempo* – der Zeit Zeit geben. Franzosen, die sich an François Mitterrand erinnern, wissen noch, dass der Spruch *il faut donner du temps au temps* zu seinen Losungen gehörte. Er dachte genuin historisch, und er hatte dazu guten Grund, da er nach anfänglichem Scheitern erst beim zweiten Versuch die Präsidentenwahl gewann. Die Geschichte bleibt die Sphäre der Geduld, der zweiten Chance. Die deutsche Wiedervereinigung war ein historisches Ereignis, das Verstellen der deutschen Landschaften mit Windrädern gehört hingegen zum zivilisatorischen Prozess. Langfristige Prozesse beruhen im Übrigen zumeist auf Erfindungen, die vom Prinzip Entlastung bestimmt werden. Der Anthropologe Arnold Gehlen spricht von Entlastung, wenn Arbeitsabläufe so organisiert sind, dass Menschen ihre Hände für höhere Tätigkeiten frei bekommen. Die Tendenz der Technik zeigt sich in dem Effekt, die Dinge für die Menschen einfacher, komfortabler und leichter beherrschbar zu machen. Ich würde gerne anmerken, dass ich gewisse Wahlverwandtschaften wahrzunehmen glaube zwischen Ihrem Zögern vor der Anpassung an die Prozesse der Moderne und Goethes skeptischen Empfindungen, die sich mit dem Gang der Französischen Revolution verdeutlichten.

A. F.: Wie meinen Sie das?

P. S.: Goethe stand zu Beginn den Neuerungen der Revolution in Paris positiv gegenüber: Endlich tat sich etwas in Sachen menschlicher Freiheit. In Anbetracht der Ereignisse dauerte es nur ein, zwei Jahre, bis die Sympathisanten in Weimar und Jena lange Gesichter machten. Dem Dichter, der damals mit Anfang vierzig das *âge de la raison*, das Alter der Vernunft, erreicht hatte, war spätestens von da an klar, dass das bloße Mitgehen mit den Prozessen, die sich als Fortschritte anpriesen, nicht mehr infrage kam. Die Französische Revolution verriet in der Phase der Schreckensherrschaft mehr und mehr die Züge einer aus dem Ruder gelaufenen Jugendbewegung: Robespierre war 1789 31 Jahre alt, Saint-Just 22. Als die Guillotine wütete, war der Moment gekommen, in dem die Reaktion die Wahrheit war. Doch kommen wir zurück zu dem Begriff *woke*. Mir scheint, mit Ihrem Talent aufzuspüren, wo der Hund begraben liegt, haben Sie das verborgene leninistische Element in dem Phänomen präzise herausgestellt. Sie betonen zu Recht, dass hier erneut eine kleine, zumeist jugendliche angriffslustige Minderheit mithilfe der üblichen Machtmittel universalistischer Rhetorik sich zu einer sprachlichen Hegemonie aufzuschwingen versucht – unter Ausnutzung des Konformismus der Medien und der Kulturinstitutionen. Was dabei vertuscht wird, ist die Tatsache, dass es meistens vor allem darum geht, neue Stellen im Kulturbetrieb zu schaffen und den Kandidaten einer aus Minderheiten hervorgehenden neuen Elite Posten in Universitäten, Stiftungen, Redaktionen und Einrichtungen des Kulturbetriebs zu verschaffen.

A. F.: Sehr richtig! An Universitäten und überall sonst …

P. S.: Kürzlich hat der Verlag W. W. Norton die Philip-Roth-Biografie von Blake Bailey, einem profunden Kenner des Roth'schen Werks, zurückgezogen, weil der Autor von ehemaligen Studentinnen des *sexual harrassment* bezichtigt worden war. Es sah so aus, als sähe der Verleger sich gezwungen, Anzeigen mit Schuldsprüchen gleichzusetzen. Diese Prozedur war früher ein Monopol der Tscheka, der von Lenin geschaffenen Geheimpolizei, bei der von der Verdächtigung, der Verhaftung, der Anklage, dem Verhör bis zum Schuldspruch und zur Exekution eines Verdächtigen alles in einer Hand blieb. Der Mechanismus tritt bei uns in Form einer Meinungsjustiz auf, die den Kurzschluss der Anklage mit dem Schuldspruch *a priori* für das Resultat hält. In dieser Hinsicht darf man den Amerikanern eine besondere Weichheit in den Knien attestieren. Bei ihnen ist das vorauseilende Einknicken an der Tagesordnung. Vielleicht führt das zu dem, was Sie vorhin als ihren selbst gemachten Kommunismus bezeichnet haben – obwohl zwischen der *New York Times* und der *Prawda* nach wie vor einige Unterschiede liegen. Studentinnen einer höheren Schule der Schönen Künste bei Berlin hatten vor Kurzem die Laune, ein ausgehängtes unschuldiges formalistisches Gedicht von Eugen Gomringer mit dem Titel »Avenidas«, das mit den Wörtern »Frauen, Blumen, Straße« spielte, als sexistisches Machwerk zu attackieren, bis es aus der Eingangshalle der Schule entfernt wurde. Überall gibt man dem ideologischen Druck nach. Seit Jahren vergeht kein Tag, an dem nicht ein ähnliches Ereignis auffällt. Vergessen wir nicht, dass der Leninismus mit ähnlichen Disproportionen arbeitete: Eine Handvoll Berufsrevolutionäre und einige Tausend Sympathisanten genügten – sie waren zahlreich genug, um nach ihrem Eindringen in die Schlüsselpositionen Millionen vor sich herzutreiben.

A. F.: Unser Ausgangspunkt war der Satz »Ich wollte alt werden« und die Frage, was *wokismus* ist. Eine Antwort drängt sich auf: Es ist die sich selbst verherrlichende Gegenwart. Warum bräuchten die *wokes*, die Erwachten, auch noch Platon oder Goethe? Sie sind bereits vollkommen. Wenn sie lesen, dann nur, um die Werke vor das Gericht ihrer Klarsicht und ihrer Weltoffenheit zu stellen. Wenn man mit ihnen über den Unterschied der Geschlechter spricht, antworten sie mit der Dekonstruktion der Werke von Dichtern, Malern und Regisseuren, die in ihren Geschlechterstereotypen verhaftet geblieben sind. Sie sehen in den Transsexuellen die endgültigen Helden der Emanzipation. Mit ihnen verschwindet die natürliche Gegebenheit des Geschlechts. Jeder sucht es sich aus. Einige behaupten sogar, dass die Aussage eines Arztes oder einer Hebamme: »Es ist ein Junge!« oder »Es ist ein Mädchen!« bloß eine performative Zuschreibung sei. Die Vergangenheit wird vom Tisch gewischt. *Wir sind der Anfang der Aufklärung,* sagen die neuen Studierenden und leider auch die neuen Lehrenden. Was kann man so selbstsicheren Menschen antworten? Sie müssen etwas vermissen, wenn sie ein Gespräch beginnen oder ein Buch zu Ende lesen. Was den *wokes* abhandenkommt, ist die Einsicht, dass ihnen etwas fehlen könnte.

P. S.: In den USA ist eine Generation herangewachsen, die vom Vorschulalter an nichts anderes gehört hat, als dass sie fantastisch ist. Wenn solche Jugendlichen im Vollbesitz ihrer hochverletzlichen Vollkommenheit mit einer pädagogischen Einrichtung wie der Universität zusammenstoßen, die ihnen signalisiert, dass sie sich ihr Selbstbewusstsein von Grund auf verdienen müssen, liegt ein Konflikt in der Luft. Im Grunde genommen tritt damit ein Potenzial in Erscheinung, das schon in den Vierzigerjahren des 19. Jahrhunderts in Emersons Essays angesprochen wurde. Es impliziert die Ausweitung der amerikanischen Unabhängigkeitserklärung von der politischen auf die kulturelle Sphäre. In ihr ist die Absage an die Goethe'sche Position enthalten, die auf der Einheit von Aktualität und weltgeschichtlichem Bewusstsein bestand. Dafür bezeichnend sind Verse, die bis vor hundert Jahren noch jeder deutsche Gymnasiast kannte:

Wer nicht von dreitausend Jahren
Sich weiß zur Rechenschaft zu geben,
Bleib im Dunkeln unerfahren,
Mag von Tag zu Tage leben.[7]

Der alte Goethe hat bekanntlich den Begriff »Weltliteratur« geprägt. Die zitierten Verse lassen vermuten, er habe auch an so etwas wie eine Weltuniversität geglaubt, die in einem Curriculum von dreitausend Jahren auf eine Summe kulturellen Wissens hinarbeitet. Ich selbst habe meinen Alterskomplex bei Goethe abgeschaut, ich wollte, als ich zu studieren begann, so bald wie möglich dreitausend Jahre alt werden – so alt, dass noch ein kollegiales Gespräch mit Moses, Homer, Zarathustra, Platon, Diogenes und den übrigen Verdächtigen der Antike vorstellbar würde. Die Studenten der globalen Universität heutiger Zeit kommen naturgemäß von überall an den amerikanischen Universitäten zusammen. Es fällt ihnen auf, dass es überwiegend Europäer und Amerikaner waren, die bisher die Lehrpläne aufstellten. Nun tritt der egalitaristische Reflex hinzu: Zwar studieren studentische Eliten von überall bevorzugt im Westen, aber sie verweigern sich immer öfter der Autorität der westlichen Zivilisation. Mir scheint, der Kampf um die Universität, genauer um die Kulturwissenschaften, die normative Autorität verlangen, wird zum chronischen Weltkrieg des 21. Jahrhunderts führen. Die umkämpfte Frage wird sein, welche Kulturen, welche Gruppen den Anspruch auf ein vorrangiges Lehramt erheben dürfen. Jede Art von Priorität aus westlichen Quellen wird wie ein koloniales Unrecht wahrgenommen. Wie es aussieht, gehört das 21. Jahrhundert dem antiokzidentalen Ressentiment in allen Spielarten: Antihellenismus, Antijudaismus, Antiromanismus, Antigermanismus. Westliche Autoren wie Sie tun meiner Meinung nach das Richtige, wenn sie mitten im Tornado der Meinungen, deren Sinn einem ständig entgleitet, in der »ersten Person«[8] deklarieren, wo sie sich selbst befinden.

A. F.: In der ersten Person zu sprechen ist für mich die Begleichung einer Schuld. Ich bin kein *woke*. Ich schulde den Dichtern und Denkern Mitteleuropas, dass ich bin, wer ich bin. An erster Stelle Milan Kundera, der mich durch seine Verbindung von Tiefe und Schlichtheit von der französischen Raffinesse geheilt hat und mir eine andere Definition der Modernität offenbart hat als die des *nouveau roman* und des Strukturalismus, mit der ich aufgewachsen war. »Modern sein bedeutet, *auf dem ererbten Weg* zu neuen Entdeckungen voranzuschreiten.« Das Ziel ist eine Fortsetzung der langen Arbeit an der Erhellung der Existenz. Kundera und die anderen mitteleuropäischen Denker haben es mir ermöglicht, mich als Europäer zu fühlen. Für mich als Franzosen war Europa zuvor ein gewiss interessantes und unter gewissen Aspekten sogar ein heroisches Konstrukt, das mir aber langweilig und bürokratisch vorkam. Auf einmal sagte mir Kundera: »Europa ist eine Zivilisation, und wir sind ihre Verwalter. Wir müssen sie bewahren, aufrechterhalten und weiterführen, wenn wir dazu fähig sind.« Ich dachte bis dahin, das Konstrukt Europa sei nur entwickelt worden, um die Verirrungen und Verbrechen einer Zivilisation zu beenden, die auf der Rivalität der Nationalismen beruhte und zum Schlimmsten geführt hatte. Das Europa der Nationalismen sollte aus dem Weg geräumt werden, um einem Europa des Verfassungspatriotismus à la Habermas durch Marktwirtschaft, Moral und Recht den Vortritt zu geben. Mitteleuropa lehrte mich etwas völlig anderes. Das war der Umbruch meines Weltkonzepts. Bei Kundera habe ich das Konzept der Identität neu entdeckt. Ich habe gelernt, dass die Ungarn, die

Polen und die Tschechen gekämpft haben, um ihre westliche und nationale Identität zu verteidigen. Das Wort Identität, vom Siegel der Schande gekennzeichnet, kann man heute kaum verwenden, ohne der Anfreundung mit dem Bösen angeklagt zu werden. Der Begriff der nationalen Identität ist auch heute noch verpönt: Es stimmt zwar, dass die ungarische und die polnische Regierung in einen antidemokratischen Nationalismus abdriften oder zurückfallen, aber wenn die Westeuropäer zu Recht über diese Entwicklung besorgt sind, ist es doch falsch, dies als Gegenbeweis dafür zu sehen, dass Europa mit der Regenbogenflagge und der unbegrenzten Ausweitung der individuellen Rechte gleichzusetzen sei. Während sie das identitätsbasierte Exklusivitätsdenken der mitteleuropäischen Staaten an den Pranger stellt, fesselt die bei uns herrschende multikulturelle Ideologie alle Schriftsteller und Künstler an ihre eigene Identität. So konnte jüngst eine polemische Frage aufkommen, die bis vor Kurzem noch undenkbar gewesen wäre: Kann eine weiße Übersetzerin eine schwarze Dichterin übersetzen? In *Der menschliche Makel* (2000) hatte Philip Roth es gewagt, sich in die Haut eines Schwarzen zu versetzen, der weiß sein wollte. Ich bin mir nicht sicher, ob Roth dieses Buch heute herausbringen könnte, ohne heftige Reaktionen auszulösen. Man vergisst zu leicht die große Lehre Solschenizyns:

> *Künstler [...] können diese charakteristische Schwäche des Menschen, der nur aus seinen*

eigenen Erfahrungen lernt, während die Erfahrung anderer ihn nicht berührt, überwinden. Während des kurzen Aufenthalts auf Erden vermittelt die Kunst von Mensch zu Mensch das Gewicht einer sehr langen und außergewöhnlichen Lebenserfahrung, samt ihren Lasten, ihren Farben und dem Saft des Lebens: sie blüht in unserem Fleisch wieder auf und ermöglicht uns, sie aufzunehmen, als gehörte sie uns selbst.[9]

Zu Beginn des 19. Jahrhunderts meinte Goethe im Gespräch mit Eckermann, wir träten in das Zeitalter der *Weltliteratur* ein. Diese Epoche scheint mit dem Multikulturalismus beendet zu sein. Heute heißt es, keiner entkommt seiner Endlichkeit, nicht einmal durch die Kunst.

P. S.: Alle meine Freunde aus Osteuropa äußerten seinerzeit – nach 1990 – dieselbe Verwunderung: Wie könnt ihr so verrückt sein, etwas »erreichen« zu wollen, wovon man sich im Osten soeben mit Mühe befreit hat? Jeder Osteuropäer war Zeuge eines schrecklichen geschichtlichen Experiments, das keine »zweite Chance« verdiente, nicht mit der gleichen Terminologie, nicht den gleichen Werten und noch weniger mit den gleichen Methoden, jener grauen Mischung aus Terrorismus und Bürokratie. Die Intellektuellen aus dem Osten, die nach 1990 auftauchten, galten für die Linken bei uns entweder als Verräter, oder sie wirkten als politische Therapeuten. Die herkömmlich programmierten Intellektuellen hielten ja gern ihre Ambition aufrecht, nicht als *guérisseurs*, Heiler, sondern als *guerriers*, Krieger, zu gelten. Die Geisteshaltung der Militanz ist so tief im Habitus des westlichen, vor allem des französischen Intellektuellen verankert, dass er den Unterschied zwischen Heiler und Krieger nicht versteht.

A. F.: Ich bin ganz Ihrer Meinung, wenn Sie sagen, dass die Schriftsteller aus Mitteleuropa für uns zu Therapeuten wurden. Wir hatten sie nötig, um uns von der Ideologie des *Neuen Menschen* zu heilen. Werden wir unsererseits fähig sein, Therapeuten des *wokismus* und der *cancel culture* zu werden? Gibt es hierfür überhaupt eine Therapie? Oder ist diese Bewegung, die von der demografischen Veränderung Europas getragen wird, bereits unbesiegbar? Kann man hoffen, dass der Feminismus wieder zur Vernunft kommt? Ich weiß es nicht. Diesen Bewegungen stehen wir hilfloser gegenüber als dem Kommunismus. Dank unserer Erfahrung können wir zwar immer wieder an die Gefahren der Radikalität erinnern, wir haben jedoch kein Gegenüber mehr, das dies begreift. Man hört uns nicht mehr zu, nennt uns Reaktionäre, *boomer*, *»alte schnocks«*.

P. S.: Es ist die Nichtigkeit, die sich in Marsch gesetzt hat, und nichts hält sie auf. Doch kommen wir zurück zu Ihren Sorgen bezüglich der Invasion der Alltagssprache durch das *globish*, die Sie in Ihrem Buch zum Ausdruck bringen. Sie betonen, das globalisierte Englisch, das in die lokalen

Sprachen eindringt, entspreche auf der sprachlichen Ebene ziemlich genau dem, was Heidegger das *Gestell* nennt. Der junge Heidegger hatte in *Sein und Zeit* eine kritische Theorie der Sprache als »Gerede«, als Niemandssprache, vorgetragen. Der ältere Heidegger bemühte sich darum, dem Gerede der Seinsvergessenheit die große Dichtung als »Sage des Seins« entgegenzustellen. Er lebte lange genug, um noch als Zeitgenosse der frühen Kybernetik zu beobachten, wie das *Gestell* nun auch zur künstlichen Intelligenz und *eo ipso* zur Digitalsprache, zur Gestellsprache wurde.

A. F.: Ich bin in der Tat empfindlich, was die Kolonialisierung der europäischen Sprachen durch das *globish* angeht. Das alljährliche Erscheinen des »neuen« *Dictionnaire Larousse* ist in Frankreich eine Attraktion. Neologismen werden aufgenommen und gefeiert, ohne dass man sich Gedanken über die Wörter macht, die aus dem Wörterbuch verschwinden. Welche Wörter wurden zuletzt mit Pauken und Trompeten aufgenommen? *Click and collect*, *cluster* und *reset*. Es ist nicht so sehr der Triumph der englischen Sprache, vielmehr der Triumph des rechnenden Denkens.

P. S.: Die Beispiele illustrieren die Ausweitung des *Gestell*-Konzepts auf die Sprache. Am anderen Pol des Sprachlebens finden sich jedoch Gesten wie die Namensgebung, die sich bis auf Weiteres der rechnenden Verwendung entziehen – allenfalls folgen sie Moden und Strömungen der Sensibilität. Vielleicht sollten jene, die sich Sorgen über den neuen Antisemitismus in Deutschland machen, zur Kenntnis nehmen, dass die am häufigsten gegebenen Vornamen für Neugeborene auf der männlichen Seite *Noah*, auf der weiblichen *Rebecca* sind, wobei *Rebecca* soeben *Sarah* knapp überholt hat. Ich sehe da trotz allem Grund zum Optimismus ...

A.F.: In Belgien ist der häufigste Vorname Mohammed, und in Frankreich sind wir nicht weit davon entfernt. Ich komme auf die Geschichte der Sprache zurück: Wer protestiert eigentlich gegen die Invasion der Sprache durch das *globish*? Nicht bloß durch das Englische, da diese Sprache selbst unter denselben Phänomenen leidet? Für die modernistische *Doxa* dient die Gesellschaft der *Académie française* als Schreckgespenst und sorgt nur noch für billige Satire. Ihre Mitglieder werden als »sieche Greise« bezeichnet, und die Akademie selbst ist zu einem Lieblingsthema der Humoristen der posthumoristischen Zeit geworden. Und doch, ohne Institutionen gäbe es nichts Dauerhaftes, ihre Funktion besteht ja gerade darin, Überlieferung möglich zu machen. All das zeigt, dass das Land seine eigene Sprache nicht mehr zu lieben scheint.

P.S.: Vielleicht dürfen wir von Ihnen demnächst eine Abhandlung im Stil Walter Benjamins erwarten: »Der Humor im Zeitalter seiner technischen Reproduzierbarkeit«?

A. F.: Abschließend möchte ich sagen, dass ich glücklich bin, in Ihnen einen echten Gesprächspartner gefunden zu haben. Ich habe gute Erinnerungen an unsere früheren Gespräche. Bei unserer ersten Begegnung 1991 habe ich sofort eine Verbundenheit im Anderssein gespürt, die mich sehr berührte. Daher meine spontane Bereitschaft zu diesem Gespräch. Abgesehen von der Absicht, einen Streit so weit wie möglich zu vermeiden und die Diskussion aufrechtzuerhalten, gefällt mir die Tatsache, dass ich im Gespräch von meinem Gesprächspartner überrascht und manchmal angeregt werde, anders zu denken, wenn ich mit seinen Gedanken in Kontakt komme. In einem Gespräch entwischt mir immer etwas. Ich bin nicht mehr der Besitzer eines Gedankens, den ich allein entfalten und ans Licht bringen werde. Mein Denken entspringt auch den Worten meines Gegenübers. Dies geschieht nicht mit jedem Gesprächspartner, aber bei Ihnen habe ich es sofort gespürt. Ich habe bemerkt, dass Sie einem mit großem Wohlwollen begegnen und die Fähigkeit haben zuzuhören. Mit Freude habe ich die Gelegenheit des Erscheinens der deutschen Ausgabe meines Buches wahrgenommen, um unsere *Zeitdiagnostischen Gespräche* von 2003 fortzusetzen. Auf der einen Seite steht meine Weigerung, mir vom Gegner die Regeln diktieren zu lassen, auf der anderen Seite habe ich den Willen, wieder das Gespräch in den Mittelpunkt der entstehenden Gedanken zu stellen.

Chantemerle-les-Blés, im Juli 2021

Prolog

OBWOHL ICH MIR MÜHE GEBE, das rasche Verrinnen der Zeit ein wenig aufzuhalten, werde ich doch unweigerlich älter. Aus diesem Grund und auch, wie ich gestehen muss, weil mich die feindseligen Bemerkungen kränken, die gelegentlich mit meinem Namen in Verbindung gebracht werden, schien mir der Zeitpunkt gekommen, eine Bestandsaufnahme zu machen und meinen bisherigen Weg schonungslos und ohne Ausflüchte nachzuzeichnen.

Es geht mir keineswegs darum, das Wissen auf ein Bekenntnis zu reduzieren und eine bloß subjektive Wahrheit zu verteidigen. Wenn ich nun Bilanz ziehe, habe ich nicht vor, mich in der uneinnehmbaren Festung der Autobiografie zu verschanzen. Ich spiele mit offenen Karten, ich lege meinen Standpunkt dar, doch ich sage nicht: »Das kann jeder sehen, wie er will.« Indem ich erkläre, wer ich bin, entziehe ich mich nicht der Antwort auf die entscheidende Frage »Was geht hier vor?«. Nichts liegt mir ferner, als meine Antwort darauf durch Psychologisieren verharmlosen zu wollen. Meine Geschichten, meine Geheimnisse, meine Neurosen, mein Charakter, sei's drum! Die Wahrheit, die ich schon immer suche, ist die Wahrheit des Realen; das Sein und die Ereignisse zu erhellen, das bleibt in meinen Augen vorrangig. Selbst wenn mich gelegentlich Erschöpfung und Entmutigung überkommen, setze ich diese Suche hartnäckig fort. Die Welt bewegt mich stärker als meine eigene Person. Doch ich weiß, wie Kierkegaard sagte, dass Denken das eine ist, dass es aber etwas anderes ist, diesem Denken entsprechend zu existieren. Dieses andere habe ich ans Licht bringen wollen, indem ich, ohne dass es zur Gewohnheit wird, in der ersten Person geschrieben habe.

I Die Leidenschaftlichkeit der Liebe

Ganz am Anfang stand der Konformismus.

WÄHREND DER STUDENTENUNRUHEN im Mai 1968 wurde ich, wie die meisten jener, die man damals – mit einer gewissen Zuneigung, die bereits Ehrfurcht erahnen ließ – als »die Jugend« zu bezeichnen begann, von der Welle erst erfasst und dann fortgetragen. Ich habe mich lautstark in die Demonstrationszüge eingereiht, ich habe tapfer protestiert, ich bin gerannt, bis mir die Luft ausging. Für meine ersten Reden habe ich aus einem Wortschatz geschöpft, der mir im April jenes Jahres noch fremd gewesen war; wie alle Welt benutzte ich mit einem Mal das Wort »Genosse«. Ich stellte mich gerade dadurch in den Dienst der Zeit, dass ich gegen die verschiedenen Formen von Autorität rebellierte, ich verwarf die Modelle der alten Welt, um es meinen Altersgenossen gleichzutun; ich brach mit der Tradition und wählte, wohlgeborgen in der Menge, den Widerstand. Mein revolutionärer Schwung trug mich so weit, dass ich den Ehrgeiz entwickelte, der Bewegung voranzugehen und mehrere Jahre lang als Militanter links von den Linken zu kämpfen. Von dort aus konnte ich die »Kompromissler« attackieren und selbst dem Bannstrahl des revolutionären Über-Ichs entgehen.

Doch so sehr ich auch den revolutionären Jargon wie eine Muttersprache übernahm und mich in der Radikalität häuslich einrichtete, so oft ich mich an maximalen Forderungen oder unwiderruflichen Verurteilungen berauschte, so wenig kam ich gegen ein schleichendes Unbehagen in mir an. Meine Subjektivität bekam Risse. Mein Dogmatismus lief leck. Eine andere Bildung unterminierte die vermeintlich erworbenen Gewissheiten. Die verführerische Vorstellung von einer globalen Lösung für die Probleme der Menschheit verlor ihren Zauber, als ich allmählich entdeckte, was es konkret bedeutete, ein Mensch unter Menschen zu sein. Immer seltener erkannte ich mich in den unversöhnlichen Parolen meiner Altersgenossen wieder. Man feierte die sexuelle Befreiung, man behauptete kategorisch, alles sei politisch. Dieses »man« hatte mich unter seine Fittiche genommen. Hier ließ ich mich inspirieren, und meine Zweifel behielt ich für mich: Das wenige, was ich vom Leben aus meiner Erfahrung und meiner Lektüre wusste, widersprach im Stillen jenen endgültigen Weisheiten.

Es kam aber ein Tag, an dem ich die Angst des Heranwachsenden überwand, gegen den Strom zu denken, und mein Schweigen brach. Das war 1974, als ich im Alter von 25 Jahren für die Zeitschrift *Critique* einen Artikel mit dem Titel »Rousseaus Dummheiten«[10] verfasste. Ich kommentierte darin eine Episode aus den *Bekenntnissen*, die als Idylle unter dem Kirschbaum bekannt ist. Am Ende eines improvisierten Picknicks darf Rousseau, als Zeichen größter Vertraulichkeit, dem Fräulein Gallet ein einziges Mal die Hand küssen. Für die Libertins, die damals den Ton angaben, ist dieser verstohlene Genuss ein zu dürftiges Ergebnis, ja, ein echtes Fiasko. Der Trottel war zu dumm, die günstige Gelegenheit zu nutzen! Schande über ihn! Rousseau weiß, wie sie urteilen. Er kennt alle Paragrafen der neuen Doxa. Er hat den Hohn der Meinungsführer im Ohr und, statt sich bedeckt zu halten, ist er stolz auf seine Naivität, bekennt sich zur Unbeholfenheit seiner ersten erotischen Aufwallungen.

Wohl wissend, dass es viel unangenehmer ist, sich der Lächerlichkeit preiszugeben, als ein schlimmes Laster oder eine schwere Sünde zu beichten, empfand ich Hochachtung für Rousseaus Mut und bewunderte ihn auch dafür, dass er dem anerkannten Lustempfinden nicht die Tugend entgegenhält, sondern eine andere Art von »Genuss, der sich mit jedem andern messen kann«, weil er nicht in einem frenetischen Drängen zum Höhepunkt besteht, sondern, so sagt er, weil »er nie aufhört und beständig empfunden wird«. Damit erschien Rousseau in seiner Zeit anachronistisch, aber er war es auch für unsere Zeit, als man die sexuelle Unterdrückung anprangerte und, wie Annie Ernaux schreibt, die Bezeichnung »frigide« eine »beliebte Beleidigung« war.[11] Das wenig zielstrebige Vorgehen eines solchen Menschen wurde für mich zwar nicht zum Verhaltensmuster, doch war ich Rousseau dankbar dafür, dass er mich von einer allzu gelenkten Vision von Freiheit und Lust heilte, indem er die allgemein gültige Hierarchie der Genüsse über den Haufen warf und den kleinen Dingen große Wertschätzung erwies. Während man um mich herum verkündete, man solle stets der Lust gehorchen, warnte Rousseau schon im Vorhinein davor, sich einer kanonischen Lehre der Lust zu unterwerfen.

Diese Kritik des Eros im Namen des Eros habe ich mit und dank Pascal Bruckner, meinem Co-Autor, in *Die neue Liebesunordnung* weiterverfolgt und entwickelt. Ich sage dank Pascal, denn ohne ihn, den ich im Zeichen des Beatles-Albums *Sgt. Pepper's Lonely Hearts Club Band* kennengelernt habe und der zehn Jahre später bereits auf zwei Romane und einen Essay über Fourier in der renommierten Reihe »Écrivains de toujours« im Verlag Seuil zurückblicken konnte, hätte ich vielleicht nie den Schritt zum Buch gewagt. Vor unserer Zusammenarbeit war ich nämlich der Musterschüler. Ich schrieb für eine Jury von Lehrmeistern, ich übergab meine Arbeiten mit zitternden Händen Roland Barthes, dessen Vorlesungen ich zusammen mit Pascal in der *École pratique des hautes études* folgte, oder Gérard Genette, dessen Theorien ich übernahm, und, ganz allgemein, den Strukturalisten, die unangefochten über die Literaturwissenschaften herrschten. Um eine gute Note zu bekommen, um dieses imaginäre Examen mit Auszeichnung zu bestehen, habe ich mein Lob auf die Dummheit mit gelehrten Worten gespickt. Durch Pascal löste sich meine Verkrampfung. Nicht dass ich gelernt hätte, so flüssig zu schreiben wie er: Ich habe nie das Gefühl gehabt, mir sei diese Begabung oder auch nur die Fertigkeit gegeben. Heute wie früher kostet mich jede Zeile eine Anstrengung, und ich tröste mich mit Flaubert, dass man zum guten Stil nur in qualvoller Arbeit, mit aufopfernder und fanatischer Ausdauer findet. Doch im Kontakt mit meinem Freund Pascal gelang es mir, die Juroren aus meinen Gedanken zu verbannen. Ich habe sogar die Leser vergessen. Ich lernte, für alle und niemanden zu schreiben. Ich versuche seitdem nicht mehr, mit meinem Verstand hausieren zu gehen, sondern im Verstehen der Dinge Fortschritte zu machen. Und ich verlasse mich auf diesem schwierigen Weg nicht auf mich selbst allein. Ich nehme Hilfe in Anspruch. Zur Zeit von *Die neue Liebesunordnung* waren das Rousseau und vor allem Levinas, dieser hochsensible Philosoph, den ich gerade mit pochendem Herzen entdeckt hatte.

Als alle vor König Sex auf die Knie fielen, war ich Rousseau dankbar dafür, dass er der empfindsamen Lust zu ihrem Recht verhalf. Aber Rousseau setzte, wie die ihn verachtenden Libertins und dann die Libertären, Wollust mit Intensität gleich. Levinas, den man damals kaum zur Kenntnis nahm und dessen moralischer Ernst heute den Blick auf die erotische Inspiration verstellt, half mir, darüber hinaus zu gehen. Er zeigt, dass Wollust nicht nur Intensität bedeutet, sondern Offenbarung. Das Erkennen enthüllt, die Wollust offenbart. Und was sie offenbart, das ist gerade das, was das Erkennen zudeckt, indem sie es assimiliert oder sich aneignet: die Transzendenz des Anderen. Die Liebkosung ist ein »Gang zum Unsichtbaren«.[12] Sie sucht, sie ist auf einer Spur, »doch sie besteht darin, nichts zu fassen; sie besteht darin, das anzustreben, was sich ohne Unterlass seiner Form auf eine Zukunft hin ... entzieht«,[13] liest man in *Totalität und Unendlichkeit*, ein Werk, das auf verblüffende Weise an Mademoiselle de Scudérys allegorische »Landkarte der Liebe« erinnert. Levinas geht sogar so weit, das Weibliche als einen »Seinsmodus« zu definieren, »der darin besteht, sich dem Licht zu entziehen«.[14] Mag die Pornografie die Grenzen der Schamlosigkeit noch so weit zurückdrängen und alle Winkel des weiblichen Körpers erforschen, seine Nacktheit gibt nie vollständig den Blick frei. Die Frau bietet sich dar und entzieht sich, sie gibt und nimmt im gleichen Moment: »Das Entdeckte verliert in der Entdeckung nicht sein Geheimnis, das Versteckte enthüllt sich nicht, die Nacht zerstreut sich nicht.«[15] Auf diese Weise kehrt Levinas die Blickrichtung vollständig um: Statt in der Liebe die Sublimierung des Begehrens zu sehen, zeigt er, was in der körperlichen Umarmung bereits an Liebe (d. h. an Erleben der Andersheit) vorhanden ist.

Zum Zeitpunkt der Niederschrift kann Levinas den theoretischen Durchbruch nicht erahnen, den die Genderstudien mit ihrem Siegeszug durch alle Universitäten der westlichen Welt bewirken sollten. Der Arme weiß nicht, dass der Unterschied der Geschlechter ein bloßes Konstrukt der Gesellschaft ist, und dass, wenn die alten Stereotypen durch die geduldige Arbeit der Dekonstruktion erst einmal in Trümmern liegen, jeder Mensch souverän über seine Identität entscheiden kann. Levinas ist mental nicht dafür gerüstet zu denken, wie es sich gehört. Pascal Bruckner und ich leiden an dem gleichen Unvermögen. Insgesamt sehen und empfinden wir das wie er. Ein Mann und eine Frau, das macht in unseren Augen – wir sind eben Trottel – zwei. Nicht etwa, dass wir meinen, es gebe ein erstes und ein zweites Geschlecht: Eine solche Rangfolge vertreten wir nicht. Weit entfernt davon, uns in unserer Männlichkeit aufzuplustern, stellen wir ihre Lächerlichkeit bloß. In der Nachfolge Fouriers sind wir der Meinung, dass sich der Fortschritt einer Zivilisation daran misst, welchen Platz sie den Frauen einräumt; aber mit der gleichen Überzeugung behaupten wir, dass kein Mensch je imstande sein wird, allein die ganze Erfahrung des Menschseins zu machen. Und wir stellen uns unerschrocken der Herausforderung, die Ungleichheit im Urzustand zu untersuchen: Adam und Eva sind Wesen der Begierde, doch sie sind keine »Begehr- oder Wunschmaschinen« aus derselben Werkstatt. Insofern ist *Die neue Liebesunord-*

nung mit ihrer ungeschminkten Huldigung des weiblichen Lustempfindens ein »Levinas-Buch«. Wir beschreiben so getreu und konkret wie möglich das Wunder der Asymmetrie, die Ungleichheit im Sinnentaumel, die manchmal schmerzhafte Ekstase durch eine Gegenwart, die sich nicht fassen lässt. Der Liebhaber, und wenn er noch so besitzergreifend ist, erfährt etwas, das irreduzibel ist. Die geliebte Frau gehört ihm nie, sie entgeht ihm selbst im Augenblick der Ekstase. »Die Leidenschaftlichkeit der Liebe besteht jedoch in einer unüberwindlichen Dualität der Seienden«, schreibt Levinas.[16] Und die Liebe stirbt, wenn sich die Nähe in der Verschmelzung auflöst. Das Verhältnis zum Anderen ist in der Verschiedenheit wertvoller als in der Einheit: Das war – und ist bis heute – für uns die wichtige Lehre des Eros. Und darin unterscheiden wir uns von Rousseau. Wir träumen nicht mehr von einer Gesellschaft, in der »ein jeder sich im andern erkennt und liebt, dass alle besser miteinander verbunden sind«.[17] Wir vertreten nicht mehr dieses Ideal der Einswerdung durch Liebe, das im Mai 68 wiederbelebt wurde und die militante Avantgarde unserer Generation immer noch begeisterte.

Pascal Bruckner und ich gaben uns mit diesen ersten Ergebnissen nicht zufrieden. Wir wohnten in unmittelbarer Nachbarschaft, sahen uns täglich, sprachen über unser Leben und die Bücher, die wir lasen, gestanden uns, wenn wir ratlos waren, dachten über die Welt nach, und, weil wir gemeinsam besser denken konnten als allein, beschlossen wir, diese lebhafte Freundschaft in einer erneuten Zusammenarbeit fortzuführen. Nachdem wir die Idee eines trieborientierten Fortschrittsglaubens und noch allgemeiner die Relevanz der Politik im Gefühlsleben infrage gestellt hatten, schrieben wir ein »Requiem für den neuen Menschen«, *Das Abenteuer gleich um die Ecke. Kleines Handbuch der Alltagsüberlebenskunst.* Die Lichter der Mairevolution erloschen nach und nach, und die Revolution war nicht länger Glaubensgegenstand oder Wunschobjekt, wie man gern sagte, als man sich daran abarbeitete, Marx und Freud unter einen Hut zu bringen. Der Traum war ausgeträumt, und statt ihm etwa nachzuweinen, stellten wir ihm etwas anderes gegenüber: das unverhoffte Glück und den Zufall an der Straßenecke, d.h. mitten in der Banalität, in den Freiräumen des ganz alltäglichen Lebens.

II Die Judenfrage und kein Ende

NACH DEN BEIDEN ESSAYS im Zweiergespann glaubte ich, auf eigenen Füßen stehen zu können. Wobei ich mich selbst nicht für einen Schriftsteller hielt: Diese Gewissheit verspürte ich nicht, und nachdem ich über vierzig Jahre damit verbracht habe, Formulierungen hin und her zu wälzen, nagen die Zweifel immer noch an mir. Ich habe mich nie selbst in meinem Status als Schriftsteller akzeptiert. Jedes Mal, wenn mich jemand so anspricht, würde ich das am liebsten korrigieren und sagen: »Danke für das Kompliment, aber Sie irren sich in der Person. Ich bin leider nicht der, für den Sie mich halten.« Das ist keine falsche Bescheidenheit, das muss man mir glauben. Der Arzt, der Anwalt, der Architekt, der Gärtner, der Schreiner, der Flugpilot – sie alle haben ein Fachwissen. Ihre Kompetenz wächst mit der Erfahrung. Sie beherrschen ihren Beruf im Lauf der Zeit immer besser. Ich dagegen habe das Gefühl, dass ich meinen Beruf jeden Tag neu erfinde: Wenn ich mich an die Arbeit mache, kann ich mich auf nichts Definitives stützen. Ich habe zwar einige Bücher auf der Haben-Seite, aber dieses »Ich« ist ein anderer. Meine Vergangenheit definiert mich nicht, sie schätzt mich ab: Ich bin löchrig wie ein Sieb. Ich fühle mich wesenlos, nichts schützt mich, nichts gibt mir Sicherheit, nichts füllt das Nichts aus, das ich heute bin.

Als ich *Der eingebildete Jude* schrieb, bin ich also nicht einem unwiderstehlichen Ruf gefolgt. Wie in *Die neue Liebesunordnung* wollte ich die richtigen Worte für eine Lebensweise finden, die im Diskurs der Zeit keine Beachtung fand. In seinen *Betrachtungen zur Judenfrage*, dem Buch, das für mich als Heranwachsenden einen wichtigen Platz einnahm, vergleicht Sartre den *authentischen, wahrhaftigen* Juden, der sich zu seiner Identität bekennt, »stolz oder demütig, manchmal auch voll Hass und Entsetzen«,[18] mit dem *unauthentischen, verschämten* Juden, der um jeden Preis in der Masse aufgehen, sich unsichtbar machen, wie alle anderen sein will. Der eine ist ostentativ präsent, der andere flieht vor sich selbst und verleugnet sich. Ich mochte diese klare Dichotomie, weil sie mich davon überzeugte, dass ich die mutige Entscheidung getroffen hatte. Lieber Außenseiter als Parvenü – das war meine originelle Wahl. Ich hatte mir sogar auf die Fahne geschrieben: »Ich verstecke mich nicht, ich empöre mich.« Denn statt passiv darauf zu warten, dass mich die anderen als Juden bezeichneten, kam ich ihnen zuvor. Ich ging nämlich über die bloße Weigerung hinaus, meine Vorfahren dadurch zu verraten, dass ich verbarg, was mich als Jude kenntlich gemacht hätte; ich nahm mir vor, sie zu rächen, indem ich jeden Schlag zurückgab.

Allerdings machten sich die Schläge rar, und ich begann zu begreifen, dass meine Haltung des aufrechten, authentischen Juden etwas Theatralisches an sich hatte. Während ich mir der Zustimmung Sartres sicher sein durfte, weil ich mit offenen Karten spielte und den Stier bei den Hörnern packte, meldete sich leise eine ironische Stimme in mir und sagte: »Du schummelst. Du glaubst, du stehst zu deiner Herkunft, dabei spielst du nur Theater, du machst große Worte, du bemächtigst dich einer Tragödie, die nicht mehr die deine ist, um deinem Alltag mehr Würze zu verleihen. Du reklamierst die Wahrheit, und du lebst in der Lüge. Du schlüpfst in die Rolle des Verfolgten, doch nichts stört den ruhigen Gang deines Lebens. Du tust dich leicht, deinen Anteil am Leid zu fordern, während du es dir gut gehen lässt. Sieh endlich der Wahrheit ins Gesicht: Du bist für das bequeme Leben gemacht. Die Erinnerung, die dir gebietet, stark zu sein und der Gefahr die Stirn zu bieten, bewahrt dich zu deinem Glück vor dem Albtraum, an den du denkst. Du willst mit den Antisemiten abrechnen. Aber wach auf! Es gibt praktisch keine mehr, denn Hitler hat, um eine fürchterliche und tiefsinnige Formulierung von Bernanos aufzugreifen, ›den Antisemitismus in Misskredit gebracht‹. Du hast das Gefühl, wenn du dein Judentum wie eine Standarte hochhältst, schreibst du dich in einen Kalender für Märtyrer ein, während doch das Trauma der Katastrophe dir Schutz gegen jede unliebsame Auseinandersetzung bietet. Du, ein Ausgestoßener? Nein, ein

Opa im Lehnstuhl! Unbeliebt? Nein, größenwahnsinnig. Je authentischer du sein willst, desto eher trifft das Adjektiv ›histrionisch‹ auf dein Verhalten zu.«

Mit diesem Schmierentheater der Identität, diesem wohlgemeinten Selbstbetrug, befand ich mich in Gesellschaft einer Mehrheit der nach Auschwitz geborenen Juden. Dass ich diese Maske schließlich wieder ablegte, war Philip Roth zu verdanken, einem Autor, dessen Bücher in meinem Bücherregal kaum verstauben, weil mich das Leben immer wieder zu ihnen greifen lässt. Er legt nämlich dem werdenden Jungschriftsteller Nathan Zuckerman die folgenden wütenden und höhnischen Worte in den Mund: »Wenn du sehen willst, wie den Juden von Newark körperliche Gewalt angetan wird, dann geh in die Praxis des Schönheitschirurgen, wo die Frauen sich die Nasen richten lassen. Das ist der Ort, wo im Essex County das jüdische Blut fließt …«[19]

Natürlich war mir immer bewusst, dass meine Eltern nicht ewig leben würden. Doch während meiner Ausbildung blieb dieses Wissen abstrakt. Es bewegte mich nicht. Ich hatte anderes zu tun. Die Zeit tat ein Übriges. Als ich zum ersten Mal Philip Roths *Ghostwriter* las, auf Zuckermans Schmährede stieß und sie auf meine Pantomime bezog, war das Abstrakte konkret geworden. Als ich meine Eltern altern sah, wurde mir unmissverständlich und schmerzlich klar, dass diese dem Holocaust Entronnenen, die mich auf die Welt gebracht hatten, das überlebte Grauen mit sich ins

Grab nehmen würden, zusammen mit ihrem Akzent und ihrer Lebensweise. Die Zeit der Geretteten war abgelaufen, und niemand, auch ihre Kinder nicht, konnte ihren Platz einnehmen. Der Abgrund zwischen dem Lagerinsassen und dem Sohn eines Lagerinsassen ist unüberbrückbar. Man trägt nicht die gestreifte KZ-Kleidung in jeder folgenden Generation weiter. Der Zeitzeuge kann den Stab nicht übergeben, nach ihm kommt eine Lücke. Das hatte ich nun verstanden, und mein Rollenspiel erschien mir angesichts des bevorstehenden Todes der Meinen wie ein Sakrileg.

Mein Vater und meine Mutter mussten keine Rücksichten mehr nehmen; nachdem ihre Eltern der Judenvernichtung zum Opfer gefallen waren, hatten sie es nicht über sich gebracht, den schon für sie dünn gewordenen Faden der Tradition wieder aufzunehmen. So vermachten sie mir ein Unglück als Erbe, das ich nicht antreten konnte. Lange hatte ich geglaubt, diese Schwierigkeit durch Identifikation meistern zu können. Doch das funktionierte nicht mehr. Die Scharade erfüllte mich plötzlich mit Scham: Ich durchschaute mich selbst. Ich nahm mir die Situationen übel, in denen meine Gesprächspartner, sobald sie von mir hörten, dass mein Vater ein Auschwitz-Überlebender war, mit ehrfürchtiger Betroffenheit reagierten, die ich dann wie stellvertretend entgegennahm. Diese Maskerade war nun vorbei, es war Schluss mit dem Theater: Von nun an war es meine Pflicht, zu meiner Herkunft zu stehen, ohne dafür das Rampenlicht zu suchen. Habe ich mein

Versprechen gehalten? Bei der Lektüre des 2007 erschienenen Buchs *Die Verlorenen* erkannte ich, dass die Antwort Nein lauten musste und die Entlarvung des *Eingebildeten Juden* mich nicht so wachsam gemacht hatte, wie ich hätte sein sollen. Daniel Mendelsohns sorgfältige und einfühlsame Arbeit über die Toten ohne Begräbnis in seiner Familie *(Eine Suche nach sechs von sechs Millionen)* führte mir meine eigenen Versäumnisse vor Augen. Meine Eltern hatten sich nie in Schweigen gehüllt; über das, was sie durchgemacht hatten, redeten sie mit mir ganz natürlich, bewegt, doch ohne Pathos. Doch selbst nachdem ich aufgehört hatte, mich auf ihren Leidensweg zu berufen, habe ich sie nicht mit Fragen bedrängt, und ich habe nichts schriftlich festgehalten. Ich weiß, wie die Eltern meiner Mutter, ihr Bruder, ihre ältere Schwester und ihr heißgeliebter Neffe umgekommen sind, kenne aber nicht den genauen Hergang. Ich habe meinen Vater nicht nach allen Einzelheiten seines Transports nach Auschwitz-Birkenau und seines Lebens im KZ gefragt. Ich wollte keine Details wissen. Ich war zu sehr mit den Höhen und Tiefen des alltäglichen Lebens beschäftigt, um immer wieder nachzuhaken. Außerdem ging meine Neugier im alltäglichen Trott des Familienlebens ein wenig unter. Natürlich habe ich noch kleine Geschichten über ihn und seine Familie, die mir ans Herz gewachsen sind, behalten, aber vieles weiß ich nicht. Ich wurde von so vielen anderen Dingen in Atem gehalten, dass ich das Wesentliche vielleicht nicht wahrgenommen habe.

Und jetzt ist es zu spät. Ich werde die Lücken in meiner Familiengeschichte nie mehr füllen können.

Nach dieser Selbsterkenntnis glaubte ich, mich anderen Dingen zuwenden zu können und zu müssen. Doch welchen? Das wusste ich nicht. Ich war ratlos. Ich stocherte im Nebel. Ich befragte mich selbst. Unsicher suchte ich nach einem Gegenstand. Nur eine Sache stand absolut fest: Zur Judenfrage hatte ich alles gesagt, was es für mich zu sagen gab. Das war ein Irrtum. Ich mochte zwar mit dem Thema abgeschlossen haben, doch das Thema hatte nicht mit mir abgeschlossen. Es wartete an der Straßenecke auf mich und zwar in einer Form, die all meine eingebildeten Abenteuer wie Seifenblasen platzen ließ.

Nur ein paar Tage nachdem *Der eingebildete Jude* erschienen war, drückte mir jemand ein Flugblatt in die Hand. Ich wollte es schon ungelesen wegstecken, als mir die folgende »Information« ins Auge sprang: *Die Gaskammern haben nie existiert.* Daraufhin habe ich den Text *Unser Königreich ist ein Gefängnis* gelesen: »Im gegenwärtigen politischen Denken spielt der Faschismus vor allen anderen Ideologien die Rolle des Beelzebub. Die Welt der KZs bietet sich geradezu als Hölle an. Angesichts des Faschismus und der ihm mehr oder weniger nahestehenden Diktaturen hat sich die antifaschistische Ideologie vorgenommen, die Demokratie mit allen Mitteln zu retten. In Wahrheit aber ist diese Ideologie zuallererst das Mittel, dem Proletariat seine eigene

Zukunft zu stehlen und diese Klasse für die Verteidigung der kapitalistischen Welt zu vereinnahmen.«[20]

Diese Abhandlung war keine Hetzschrift, sondern eher eine Darlegung. Da wurde nicht gebrüllt: »Tod den Juden!«, es gab dort keine Ausrufezeichen; die Verfasser behaupteten, ohne die Stimme zu erheben und mit größter Gelassenheit, die Juden seien nicht umgekommen, wie man uns glauben machen wolle. Doch sie trauerten keineswegs dem Dritten Reich nach. Sie folgten der roten Fahne, nicht dem Hakenkreuz. Sie gehörten nicht der extremen Rechten an, sondern den Ultralinken. Ich war ratlos. Ich wusste nicht mehr, woran ich mich halten sollte. Tausendmal hatte ich mir die Konfrontation mit dem Gegner ausgemalt, doch jetzt stand ich jemandem gegenüber, der meinen Vater seelenruhig als Scharlatan bezeichnete, aber weder so dachte noch so formulierte, wie das sonst üblich war. Was bedeutete das? Ich musste es unbedingt verstehen.

Charles Péguy, den ich damals entdeckte, half mir weiter. Dieser Dreyfus-Verteidiger hatte nämlich an zwei Fronten gekämpft: auf der einen Seite gegen die Ablehnung der Juden seitens der Nationalisten und auf der anderen Seite gegen die Aversion eingefleischter Sozialisten gegenüber Ereignissen, die für sie nicht einzuordnen waren. Während Maurice Barrès sich noch über die »ethnische Nase« des degradierten Hauptmanns ausließ und Léon Daudet ihn als »Treibgut aus dem Ghetto«[21] bezeichnete, stellte Wilhelm Liebknecht, zusammen mit August Bebel, einem der Begründer der deutschen Sozialdemokratie, in Karl Kraus' *Fackel* (Nr. 18, 4) die Frage: »Ist es wahrscheinlich, ist es denkbar, dass ein französischer Offizier, der eine einflussreiche Familie und Verwandtschaft hat, wegen eines Landesverrats, den er nicht begangen hat, verurteilt und fünf Jahre lang eingesperrt werden kann? Ist es wahrscheinlich, ist es denkbar, dass die Regierung, für welche der Verrat angeblich oder vermutlich begangen wurde, es dulden kann, dass ein Unschuldiger für diesen Verrat fünf Jahre lang gefangen und so behandelt wird, wie Dreyfus behandelt worden ist?« Im Vertrauen auf seine Kenntnis geschichtlicher Gesetzmäßigkeiten beantwortete er die Frage selbstverständlich mit einem Nein. Für ihn stand zweifelsfrei fest, dass die Bourgeoisie ihren Feinden stets übel mitspielt und ihnen nie Gerechtigkeit widerfahren lässt, ihren Freunden dagegen nur Gutes tut. Mit anderen Worten, Liebknecht warf den Juden nichts Besonderes vor. Er hatte nichts gegen sie als Juden. Nicht der Hass bestimmte seine Position, sondern die Logik. Und Jules Guesde, sein sozialistisches Pendant in Frankreich, wollte verhindern, dass die Sozialisten ihren eigenen Kampf vernachlässigten und gemeinsame Sache mit den Ausbeutern machten.

Die militanten Ultralinken brachen nicht wie eine Katastrophe plötzlich über die Gesellschaft herein. Sie führten die Tradition der ehemaligen linken Dreyfus-Gegner fort. Nicht leidenschaftlicher Antisemitismus trieb sie an, sondern das fanatische Befolgen eines Vernunftprinzips. Hegel hatte verkündet, dass die Vernunft sich in der Geschichte realisiere, und Marx, dass der Klassenkampf der Motor dieser Geschichte sei. Wie war aber dann die Vernichtungsmaschinerie der Nazis zu verstehen? Dieses Ereignis war unbegreiflich. Dass die herrschende Klasse einen Teil der Ihren versklavte, war schon schwer zu schlucken. Doch sie mitten im Krieg umzubringen, statt sie auszubeuten, das ergab überhaupt keinen Sinn. Robert Faurissons Auftritt in der Öffentlichkeit war für die Hörigen der Vernunft ein unverhoffter Segen. Dieser Literaturprofessor hatte zunächst seine Krallen an Rimbaud und Lautréamont geschärft und blies nun zum Angriff auf den »Mythos« der Gaskammern. Er legte – mit Nachweisen – dar, dass Hitler niemals angeordnet oder zugelassen habe, dass irgendjemand aufgrund seiner Rasse oder seiner Religion getötet wurde. Dabei ging er nicht deduktiv, sondern induktiv vor und folgerte aus einer langen und akribischen Untersuchung, der Völkermord an den Juden sei »die Frucht einer durch Propaganda angeheizten Fantasie«. In seiner Darlegung gab es kein *Apriori*, sondern ein *Aposteriori* dessen, was man heute Faktencheck nennt. Er behauptete nicht, er verifizierte. Er prüfte Zeile für Zeile die Berichte und Zeugenaussagen und stellte, nach Recherchen, die Gültigkeit der Schlussfolgerungen der Logiker fest. Seine Detektivarbeit verwies das Unwahrscheinliche ins Reich des Ungeschehenen. Dank seines verbissenen Studiums der Dokumente konnte die

Geschichte wieder ihren gewohnten Gang nehmen. Die Verwerfung fügte sich ins Konzept. Die Absurdität war gebannt, die Gewalt machte wieder Sinn. Und wie zu Zeiten der Dreyfus-Affäre erfüllte das Beklagen des jüdischen Leids nun erneut eine ganz bestimmte Funktion: die Massen durch die Generalmobilmachung gegen ein fiktives Übel vom wahren Übel der Ausbeutung abzulenken. »Der Popanz faschistischer Willkür soll bloß bewirken, dass die ›demokratische‹ Willkür akzeptiert wird. Man präsentiert uns Auschwitz, um zu verbergen, dass diese ganze Gesellschaft ein KZ geworden ist«, war in einem anderen Flugblatt zu lesen, das sich *La Boîte des Pandores* nannte.[22]

Die Vordenker des sozialen Kriegs waren dem detailversessenen Archivforscher also dankbar, dass er den Schleier zerrissen hatte, hinter dem der Kapitalismus seine Untaten verbarg. »Die Gaskammern sind eine Legende, die Juden sind nicht in ihnen umgekommen«: Diese ungerührte Feststellung, die, das sei hier noch einmal hervorgehoben, gewalttätiger ist als Hassparolen und Mordaufrufe, resultiert aus dem Zusammenwirken von Enthüllungsstolz und klassenkämpferischem Impetus. Und was seitdem ihren Erfolg garantiert, was sie weit über den Kreis der ultralinken Ideologen attraktiv und gleichzeitig plausibel erscheinen lässt, das ist der Hass auf Israel. Was gilt dagegen das Zeugnis der Überlebenden? Zum Teufel mit meinem Vater, Ruth Klüger, Imre Kertész und Primo Levi! Die Vernichtung der Juden spielt dem jüdischen Staat viel zu sehr in die Hände, um nicht Argwohn zu wecken. Israel beutet die Palästinenser aus, und Israel rechtfertigt seine Legitimität mit der Shoah; also ist die Shoah eine weltweit verbreitete Lüge. Das ist der makellose Syllogismus, der die Leugnung globalisiert hat. Diese alternative Geschichtsschreibung hat sich aus dem radikalen Antikapitalismus entwickelt und ist in der Radikalität des Antizionismus zur Entfaltung gelangt.

Globalisierung heißt nicht globaler Erfolg. Zwischen den Dekonstruktivisten, die keine Wahrheit unangetastet lassen, und den Dogmatikern, die unerbittlich jede Wahrheit aufspüren, die sich im Diskurs der Macht versteckt, schien sich eine Allianz anzubahnen. Doch in diesem Fall kam es nicht zum Schlimmsten. Die Konfrontation der selbst ernannten »Revisionisten« mit dem offiziellen Standpunkt der Judenvernichtung fand nicht statt. Auch wenn Nietzsches Formulierung »Tatsachen gibt es nicht, nur Interpretationen« für die kritische Theorie sehr attraktiv ist, hielt die Unterscheidung zwischen Wahr und Falsch dem Angriff stand. Und obwohl der große Linguist Noam Chomsky sein Gewicht in die Waagschale warf, weigerten sich die Historiker, eine Attacke auf die vorliegenden Tatsachen abzusegnen, die ihnen als »Recht auf die freie Äußerung von Ideen, Schlussfolgerungen und Meinungen«[23] dargestellt wurde. Sie sind nicht in die Falle getappt. Und am 27. Dezember 2008, fast auf den Tag genau vierzig Jahre, nachdem

Le Monde ein Diskussionsforum unter der Überschrift »Das Problem der Gaskammern und das Auschwitz-Gerücht« eröffnet hatte, erhielt Faurisson auf der Bühne des Pariser Veranstaltungszentrums Zénith den Preis für »Unangepasstheit und Impertinenz« aus den Händen des Unterhaltungskünstlers Dieudonné M'bala M'bala. Was den Intellektuellen und Journalisten, die stets darauf lauern, etablierte Wahrheiten wanken zu sehen, zu Beginn wie ein Bildersturm erschien, endete als erbärmliche Farce. Der »neue Galilei« wurde juristisch belangt und beschließt sein Leben als Komparse eines Clowns, der inzwischen diskreditiert ist, trotz der ständig wachsenden Popularität von Kabarett und Comedy im Kulturbetrieb.

Es gibt jedoch keinen Anlass zu triumphieren. Der Negationismus ist nicht tot. Im Internet, wo alles erlaubt ist und jeder sich zur erwünschten Wahrheit die passende Lüge suchen kann, bietet er sich als Ventil für das Gefühl von Überdruss und Gereiztheit an, das ein kleiner Teil der öffentlichen Meinung empfindet, weil die Shoah so hartnäckig präsent ist. Er gedeiht in der islamischen Welt; er schleicht sich sogar in die Reden des gemäßigten Nachfolgers von Jassir Arafat an der Spitze der palästinensischen Autonomiebehörde ein; und vor allem stellt er nur eine von mehreren Erscheinungsformen eines weitverbreiteten Phänomens dar: den Spieß umzudrehen und *die Shoah zum Argument gegen die Juden zu machen.* Die einen behaupten, die Zionisten hätten die Fiktion eines beispiellosen Völkermords erfunden, um die Welt an der Nase herumzuführen und auf ewig erpressen zu können. Die anderen bestreiten nicht, dass er stattgefunden hat, aber empören sich, weil er als Freibrief für die Eroberungen Israels und seine Verbrechen benutzt werde: Norman Finkelstein protestiert lautstark gegen die Ausbeutung des jüdischen Leids durch »die Vermarktung des Holocaust«, und Tzvetan Todorov beklagt vorsichtiger den »Missbrauch von Erinnerung«, durch den im Namen eines Unrechts der Vergangenheit den Juden in der Gegenwart »unbegrenzt Kredit« gegeben werde. Und dann ist da ein Jean-Luc Godard, der für seine Filme und noch mehr für seine Orakelsprüche allseits geschätzte Cineast, dem es mit einem einzigen Satz gelungen ist, Faurissons für unerreichbar gehaltenen Weltrekord von Ungeheuerlichkeit zu pulverisieren: »Die Selbstmordattentate der Palästinenser, verübt, um die Existenz eines palästinensischen Staats herbeizuführen, entsprechen letztlich dem, was die Juden taten, als sie sich wie die Lämmer in die Gaskammern führen und auslöschen ließen und so für die Existenz des Staates Israel opferten.«[24] Und schließlich gibt es jene, die die israelische Politik ohne Umschweife nazifizieren: »In Auschwitz, in Mauthausen, in Sabra, in Chatila und in Gaza geben sich Nazismus und Zionismus die Hand«, schreibt der chilenische Autor Luis Sepúlveda.[25] Und der portugiesische Nobelpreisträger José Saramago hält sogar fest: »Das jüdische Volk verdient kein Mitleid mehr für das im Holocaust erlittene Leid, denn es fügt den Palästinensern Leid von derselben Art zu.«[26] Solches Leid darf nicht ungestraft bleiben. Mit der bedingungslosen Unterstützung der französischen Hochschullehrer und Intellektuellen, die sich stolz dazu bekennen, links von der Linken zu stehen, wirft Houria Bouteldja, Sprecherin der sogenannten *Indigènes de la République*, Sartre vor, sich dem Lager der Mörder angeschlossen zu haben, weil er nicht bereit gewesen sei, seinen Satz aus dem Vorwort zu Fanons *Die Verdammten dieser Erde* »Einen Europäer erschlagen, heißt zwei Fliegen auf einmal treffen, einen Unterdrücker und einen Unterdrückten aus der Welt schaffen: Was übrig bleibt, ist ein toter Mensch und ein freier Mensch« abzuändern, indem er »Einen Europäer erschlagen« durch »Einen Israeli erschlagen« ersetzt hätte.[27]

Erfindung der Shoah, *Instrumentalisierung* der Shoah, *Neuauflage* der Shoah: Das sind die drei Anschuldigungen, mit denen sich der Hass beim eingebildeten Juden in Erinnerung bringt. Und dieser Hass trifft ihn umso härter, als man ihn nicht als Anderen sieht, sondern als den Henker des Anderen. Der Hass vertauscht die Rollen. Der Jude bildete sich ein, verfolgt zu werden, nun setzt man ihn mit den Verfolgern der Seinen gleich und verteidigt die Einheit aller Menschen, die der Staat, dessen Komplize er ist, seit seiner Gründung theoretisch und praktisch mit Füßen trete. Diese Form, die Erinnerung an Auschwitz und die Leugnung von Auschwitz auf einen Nenner zu bringen, ist zum Verzweifeln. »Dreckiger Jude!«

war moralisch abscheulich. »Dreckiger Rassist!« ist *abscheulich moralisch.* Weil das Böse die Sprache des Guten spricht, verbreitet es sich rasend schnell und lässt sich nicht einmal mehr stigmatisieren.

»Wenn das Schicksal uns zu Juden bestimmt hat, lasst uns Juden sein!«, sagten mit Aharon Appelfeld[28] auch die gänzlich assimilierten Juden angesichts des Antisemitismus. Und ihre Nachfahren wollten bis zur Hysterie derselben »gebietenden Stimme« gehorchen. Doch wer würde jemals sagen: »Wenn das Schicksal uns zu Rassisten bestimmt hat, lasst uns rassistisch sein«? Die Juden, die der Antirassismus ins Visier nimmt, können die Beleidigung nicht aus der Gosse holen, um sich damit zu schmücken. Zu dieser Bezeichnung kann man nicht stehen und die eigene Würde bewahren.

Was kann man anderes tun, wenn man sich für diese neue Todsünde rechtfertigen soll, als zum Gegenangriff überzugehen und eine solch unselige moralische Verirrung anzuprangern? Aber Protest allein ist nicht genug. Wenn ich begreifen will, muss ich auch hier wieder über die Erinnerungspflicht hinaus in der Erinnerung weiter zurückgehen. Und in der Tat, sobald man etwas tiefer gräbt, verflüchtigt sich das scheinbar Neue. Die Antirassisten, die Israel aufs Korn nehmen und sich dabei für politisch halten, knüpfen an ein altes Anathema an: die Verfluchung des auf seinen Abstammungsegoismus beschränkten *weltlichen Juden.* Sie beziehen sich explizit auf die Judenghettos während des Zweiten Weltkriegs, wenn sie die Sicherheitsmauer verurteilen, die seit der zweiten Intifada die Israelis von den Palästinensern trennt. Doch die Mauer, die sie im Sinn haben und innerlich an ihre Stelle setzen, ist eine andere: Sie ist jene Mauer der Feindschaft zwischen Juden und Nichtjuden, die Jesus Christus niedergerissen hat, als er »das Gesetz mit seinen zahlreichen Geboten und Anordnungen außer Kraft gesetzt« hat.[29] Die aktuelle Lage im biblischen Land lässt bei diesen Ungläubigen vergangene Vorstellungen auferstehen, und zusammen mit ihnen wird auch Markion wiederbelebt. Dieser Bischof des 2. Jahrhunderts n. Chr. gründete seine eigene Kirche, die wesentlich auf dem Gegensatz zwischen dem rächenden und eifersüchtigen Gott des Alten Testaments und dem Gott der Liebe des Neuen Bundes beruhte. Namentlich in seinen »Antithesen«, die er aus den Briefen des Apostels Paulus ableitet, sagt er: »Der Juden-Christus wird vom Weltschöpfer ausschließlich dafür bestimmt, das Judenvolk aus der Zerstreuung zurückzuführen, unser Christus aber ist vom guten Gott mit der Befreiung des gesamten Menschengeschlechts betraut worden.« Und auch: »Josua hat mit Gewalt und Grausamkeit das Land erobert; Christus aber verbietet alle Gewalt und predigt Barmherzigkeit und Friede.«[30]

Markion ist wieder unter uns. Seine Nachfolger besetzen die Bühne, und indem sie seinen Zorn auf den Alten Bund reaktivieren, schließen sie das kurze rassistische Zwischenspiel in der langen Geschichte des Antijudaismus. Als resolute Universalisten geißeln sie die Entscheidung der Juden, einen Staat nach ethnischen Prinzipien zu gründen, wenn doch für alle Demokratien der Zeitpunkt gekommen sei, zur Menschheitsreligion zu konvertieren. Sie kennen einzig das Credo der gleichen Menschenwürde für alle, und in seinem Namen verurteilen sie das israelische Volk dafür, dass es schamlos sein Eigeninteresse verfolge. Auch wenn ihre Feindseligkeit mit den Händen zu greifen ist und ihre Parolen hetzerisch sind, handelt es sich da um ein metaphorisches Feuerwerk und vorerst nur um Worte. Noch hüten sie sich, zur Tat zu schreiten. Sie beschränken sich darauf, diejenigen zu entschuldigen und gar zu rechtfertigen, die das tun. Die Feindseligkeit eines »großen Teils der schwarzen und arabischen Jugend in Frankreich« gegenüber den Juden habe nichts mit dem historischen Antisemitismus zu tun, nichts mit den Geboten des Koran oder der Situation der Ahl-al kitāb, der »Leute des Buchs« auf islamischem Boden, schreiben z. B. der Philosoph Alain Badiou und der Autor und Verleger Éric Hazan. Sie hänge »im Wesentlichen mit dem Geschehen in Palästina zusammen«. Diese jungen Menschen »wissen, dass dort die jüdischen Israelis die Palästinenser unterdrücken, die sie aus evidenten historischen Gründen als ihre Brüder betrachten«.[31] In der Folge solch leidenschaftlicher Brüderlichkeit werden Jugendliche mit Kippa auf der Straße attackiert, ziehen sich jüdische Bewohner aus ganzen Stadtteilen zurück, und ihre Synagogen, Schulen und Kulturzentren werden in Festungen verwandelt, mit Überwachungskameras versehen und von bewaffneten Soldaten bewacht.

Selbstverständlich sind nicht alle Einwanderer und ihre Kinder an diesen Gewalttätigkeiten und Drohungen beteiligt, aber Badiou und Hazan haben recht: Ihre Urheber kommen überwiegend aus dem Maghreb, aus den Ländern des Nahen Ostens und südlich der Sahara. Da offenbar nichts die Einwanderungswelle aufhalten kann, wird sich mit dem Segen der Befürworter bedingungsloser Gastfreundschaft die Lage unweigerlich verschlechtern, denn sie fürchten eine Wiederkehr der Dreißigerjahre des 20. Jahrhunderts und wollen darauf reagieren. Sie erinnern an die damalige Politik der Ausgrenzung, die im Dritten Reich am Ende zur Vernichtung führte, und begründen so ihre Forderung nach einer Öffnung der Grenzen. Im April 2015, nach dem Untergang eines Flüchtlingsboots im Mittelmeer, zog die schwedische Europaabgeordnete Cecilia Wikström eine Parallele zwischen der aktuellen Lage der Flüchtlinge und dem Holocaust. »Ich glaube«, schrieb sie, »dass mich meine Kinder und Enkel fragen werden, warum wir nicht mehr für die Menschen getan haben, die vor dem IS wegliefen, vor der Gewalt in Eritrea oder sonstwo, während es uns bekannt war, dass sie zu Tausenden sterben. Die Leute werden die gleichen Fragen stellen wie nach dem Krieg: ›Wenn du es wusstest, warum hast du nichts getan?‹«[32] Wikströms Aufruf ist nicht unbeachtet geblieben. Im Bewusstsein der alten

Schuld hat Schweden das Erforderliche getan, die Wiedergutmachung hat stattgefunden, und während sich die neue Generation dafür selbst beglückwünschte, wurde Malmö, die drittgrößte Stadt Schwedens, judenrein. Die feierliche Verurteilung des Antisemitismus von gestern und der Wille, Konsequenzen aus ihm zu ziehen, sind nicht nur weit davon entfernt, ihn wirksam zu verhindern, sondern ebnen im Gegenteil einem künftigen Antisemitismus den Weg. Dieses Paradox wirkt wie ein unwiderlegbarer Beweis für die Existenz des Teufels.

Jedenfalls war das ein böses Erwachen für jemanden, der zuerst den Komödianten in der Tragödie gespielt hatte, anschließend seine Maskierung ablegte und sich nun zur wiedergewonnenen Nüchternheit gratulierte: Die Fixierung auf Hitler bringt die Juden in große Gefahr. Es ist verstörend, dass ausgerechnet die ständige Erinnerung an diese düstere Zeit ihnen nun möglicherweise zum Verhängnis wird. Die Erinnerungspflicht schützt sie nicht, sondern macht sie gerade zur Zielscheibe. Läge dann etwa das Heil im Vergessen? Unter gar keinen Umständen. »Wie sollte man auch akzeptieren, nicht zu erkennen? Wir lesen die Bücher über Auschwitz. Der Wille aller, dort unten, ihr letzter Wille: ihr sollt wissen, was geschehen ist, vergesst nicht, und gleichzeitig: nie werdet ihr wissen.«[33] Wir dürfen also nicht vergessen. Ganz gleich, wie gut informiert wir sein mögen, jedes neue Detail lässt uns aus der Fassung geraten, macht uns sprachlos. Unsere

Aufgabe ist es, die Erinnerung zu »demarkionisieren«, nicht hinzunehmen, dass Israel mit Rassismus oder gar Nazismus in Verbindung gebracht wird. Und da haben wir noch viel zu tun, denn diese Analogie steht hoch im Kurs. Sepúlveda und Saramago habe ich bereits zitiert. Hier eine Auswahl weiterer Beispiele: Gilles Deleuze, einer unserer größten Philosophen, formulierte 1983 in einem Beitrag mit der Überschrift »Arafats Größe« folgende unerbittliche Anklage: »Die Eroberer gehörten zu jenen, die selber den größten Genozid der Geschichte erlebt hatten. Diesen Genozid hatten die Zionisten zum *absoluten Bösen* erklärt. Doch den größten Genozid der Geschichte in das absolute Böse zu verwandeln, ist eine religiöse und mystische, keine historische Sichtweise. Sie beendet das Böse nicht; im Gegenteil, sie propagiert es, sie wälzt es auf andere Unschuldige ab, sie verlangt eine Wiedergutmachung, die diesen anderen einen Teil dessen zufügt, was die Juden erlitten haben (die Vertreibung, das Ghetto, das Verschwinden als Volk). Mit ›kälteren‹ Mitteln als dem Genozid will man zum selben Resultat gelangen.«[34] 2002 schrieb die Juristin Monique Chemillier-Gendreau: »Wenn man auf der Vorstellung eines jüdischen Staats beharrt, heißt das, man errichtet eine Apartheidgesellschaft, und damit akzeptiert man im Namen der Gegenseitigkeit, dass auf diese Weise überall auf der Welt ›reine‹ Staaten entstehen, ein Wahnsinn, der stets auch mit Vernichtung zu tun hat und diese gelegentlich in die Tat umsetzt.«[35] 2003 verurteilte der englische Historiker Tony Judt den »Anachronismus« eines Staats, der ethnisch-religiöse Kriterien verwendet, um seine Bürger zu bezeichnen und zu klassifizieren, in einer Welt, in der die Nationen und die Menschen sich zunehmend vermischen. 2004 behauptete die Romanautorin und Essayistin Danièle Sallenave in einem bestürzendem Buch, der Kampf gegen den Antisemitismus und den arabisch-muslimischen Kommunitarismus sei »die Maske für die bedingungslose Unterstützung Israels«, diesen wild gewordenen Staat, der sich nicht damit zufriedengebe, die Palästinenser zu verfolgen, sondern, ganz in der Logik des weltlichen Juden, einen Organhandel mit Moldawien betreibe und jedes Jahr Hunderte von Frauen und Heranwachsenden aus der ehemaligen Sowjetunion der Prostitution preisgebe.[36] 2006 empfahlen zwei angesehene amerikanische Akademiker, John J. Mearsheimer und Stephen M. Walt, ihr Land solle sich von Israel lösen, denn die Allianz mit diesem Staat sei kontraproduktiv und vor allem *unnatürlich.* Bestimmte Aspekte der israelischen Demokratie stünden im Widerspruch zu amerikanischen Grundwerten: »Die Vereinigten Staaten sind eine liberale Demokratie, wo Menschen jeder Rasse, jeder Religion und jeder Volkszugehörigkeit gleiche Rechte genießen sollen. Während israelische Bürger oft einen ganz unterschiedlichen Hintergrund haben und beispielsweise Araber, Muslime und Christen sind, wurde Israel doch ausdrücklich als jüdischer Staat gegründet. Und ob ein Bürger als jüdisch angesehen wird, ist normalerweise abhängig von Blutsverwandtschaft.«[37] 2008 ging der ehemalige Diplomat und Literaturwissenschaftler Jean Soler in seinem umfangreichen Werk *La Violence monothéiste* mit den Anschuldigungen noch weiter. Nicht die Zionisten verhalten sich wie Nazis, sagt dieser akribische Leser der Heiligen Schrift, sondern die Nazis haben schon vor den Zionisten als eifrige Jünger der jüdischen Bibel gehandelt. Mit der Endlösung habe Hitler »beschlossen, die Grundsätze in die Tat umzusetzen, die er in *Mein Kampf* für die nationalsozialistische Politik empfahl: keinerlei Kompromiss, keine Halbheiten. Er wollte auf einen Schlag und ein für alle Mal alle europäischen Juden vernichten. Das war die Logik des Alles oder Nichts. Die Ideologie von Jericho.«[38] Jericho ist bekanntlich die Stadt, die Josua »mit Gewalt und Grausamkeit« erobert hat. Um den Palästinensern »Leid von derselben Art« wie im Holocaust zuzufügen, brauchten die Juden ihre Verfolger nicht nachzuahmen. Sie hatten alles schon parat. Es war also umgekehrt: Ihre Verfolger hatten es ihnen nachgetan. Dem Alten Testament verdanken wir nämlich die Erfindung des Rassismus, und was ist die Vernichtung der Kanaaniter anderes als die Blaupause für die Durchführung aller Völkermorde? Hitler wusste das zwar nicht, doch er eiferte Moses nach. Rassistischer Jude – ein Pleonasmus!

Die Schriftsteller und Intellektuellen, die ich hier angeführt habe, lesen die Geschichte des 20. Jahrhunderts mit Markions Augen. Und sie sind nicht die Einzigen. Von Louis Sala-Molins,[39] Verfasser einer bedeutenden kritischen Ausgabe des *Code noir*, bis zu Gianni Vattimo, dem Philosophen des *Schwachen Denkens*,[40] könnte ich noch viele andere nennen. Die Existenz Israels ist zu einem wahren Jungbrunnen für die Antithesen des exkommunizierten Bischofs geworden. Ein verblüffendes Stühlewechseln: Als die christlichen Kirchen, aufgerüttelt durch die Schrecken der Shoah, ihre jahrhundertealte Lehre der Verachtung aufgeben und endlich einen brüderlichen Dialog beginnen, erhebt die Theologie, die den Nachkommen Abrahams mit besonders radikaler Feindseligkeit begegnet, da ihr Haupt, wo man es am wenigsten erwartet hätte: Die Verfluchung des weltlichen Juden ist zum Gemeinplatz des postreligiösen und post-Hitler-Denkens geworden.

Diesem historischen und metaphysischen Skandal möchte ich das erschütternde Zeugnis von Wladimir Rabinovitch (genannt Rabi) nach dem Holocaust entgegenhalten: »Wir wurden wieder eingesetzt in unseren Stand als freie Menschen. Wir begannen wieder, französische Bürger zu sein. Wir haben unsere Berufe wieder aufgenommen, jedenfalls diejenigen, die dazu imstande waren. Was wir aber nicht aussprechen, das ist diese stets gegenwärtige Obsession, dieser verborgene stechende Schmerz im Hintergrund von allem, was wir tun und sagen. Nein, wir werden nie wieder wie die anderen sein. Wir können nicht vergessen. Wir werden nie vergessen. Wir waren der Kehricht der Welt: Wir waren Freiwild für jeden.«[41] Diejenigen, die Rabi »die Ausgesonderten« nennt, haben aus ihrem Schmerz den Schluss gezogen: Nie mehr wieder das, nie mehr diese Entrechtung, diese Verlassenheit, diese Einsamkeit. Nie wieder werden wir so sterben. Irgendwo auf der Erde werden wir unser ureigenes Recht als Volk finden.

Dieses »Nie wieder« galt für meine Eltern und für alle Überlebenden, ob sie sich nun in Israel niederließen oder nicht. Die Existenz dieses Landes tröstete sie, beruhigte sie, war Balsam auf ihren Wunden. Sie forderten keine Reue, sie brauchten kein großes *Mea Culpa* der Nation, sie wollten bloß verstanden werden und dass man Israel existieren ließ. Sie räumten in ihrer schmerzlichen Erinnerung den Kämpfen der Freien französischen Streitkräfte und dem Patriotismus der Widerstandsbewegung ihren Platz ein, sie dachten nicht einmal im Traum daran, den Präsidenten der Republik aufzufordern, Frankreich als Ganzes für die Beteiligung des Vichy-Regimes an der Endlösung auf die Anklagebank zu bringen. Und auch in ihren schlimmsten Albträumen haben sie sich nicht ausgemalt, dass je ein Tag kommen könnte, an dem der Moderator einer populären Fernsehsendung sich mit der folgenden Frage an den Regisseur eines Films über die Einsperrung, Folterung und Ermordung eines jungen Juden durch eine Vorstadtgang wenden würde: »Und warum erwähnen Sie nicht die von der israelischen Armee getöteten palästinensischen Kinder?« Trotz ihres chronischen Misstrauens (»oilem golem« pflegte mein Vater zu sagen, »das Volk ist ein Golem«) stellten sie sich auch nicht vor, dass anlässlich einer Protestbewegung von Arbeitslosen und Globalisierungsopfern einzelne Demonstranten die »zionistische Mafia« als ihren Hauptfeind bezeichnen könnten. Mit anderen Worten, sie hätten nie geahnt, dass der Hass auf Israel einmal dazu führen könnte, dass Juden das Hakenkreuz an die Brust geheftet wird und man sie mit der Parole »SOS Antirassismus« verteidigen muss.

Ich verwechsle nicht länger Prahlerei mit Solidarität, ich mache mir nichts mehr vor. Ich weiß, was mich von den »Ausgesonderten« trennt, aber ihr »Nie wieder« habe ich mir zu eigen gemacht. Auf dieses Erbe erhebe ich laut und deutlich Anspruch, und ich beobachte mit anhaltender Bewunderung, wie dieser winzige Staat, in dem alle Widersprüche der jüdischen Seele zum Ausdruck kommen, sich seit seiner Entstehung gegen die ihn umgebenden Feinde behauptet. Aber blind macht mich die Liebe nicht: Da ich nicht sehe, woran ich glaube, aber immer noch glaube, was ich sehe, plädiere ich seit bald vierzig Jahren für das Ende der Besetzung und die Zwei-Staaten-Lösung. Und ich bin hartnäckig, ich lasse nicht locker und riskiere sogar, als Schwätzer dazustehen, denn der Status quo täuscht darüber hinweg, dass sich die Lage ständig verschlechtert. Ich vergesse nicht, dass Israel der Rückzug aus dem Gazastreifen und dem Südlibanon mit zunehmender Aggressivität an diesen beiden Grenzen vergolten wurde. Ich nehme die wachsende Bedrohung durch den Iran nicht auf die leichte Schulter. Da ich die Charta der Hamas gelesen habe, weiß ich auch, dass für diese Organisation, die in Gaza herrscht und, wenn jetzt im Westjordanland Wahlen wären, möglicherweise der Gewinner wäre, die Bezugsgröße nicht die Nation, sondern die *Umma* (die Gemeinschaft der Gläubigen) wäre: »Das Land Palästina ist für alle Generationen bis zum Jüngsten Tag islamisches Land (Waqf). Es ist nicht erlaubt, ganz oder teilweise darauf zu verzichten oder sich ganz oder teilweise davon zu trennen« (Artikel 11). Die Israelis, deren Hybris und Eroberungswillen man gebetsmühlenhaft beklagt, empfinden in Wahrheit, und nicht ohne Grund, Misstrauen und Angst. Doch so sehr ihre Gefühle gerechtfertigt sein mögen, so sehr müssen sie durch andere Überlegungen relativiert werden. Erstens, und das ist unumgänglich, das Recht aller Palästinenser darauf, nicht länger entmündigt zu leben. Und zweitens, bei dem Tempo, mit dem die Siedlungspolitik westlich des Jordans voranschreitet, wird es bald zu spät sein, etwas rückgängig zu machen: Die Juden werden dann nicht mehr die Mehrheit in dem Staat innehaben, den sie gegründet haben, um in der Mehrheit zu sein. Die Freudentänze der Siedler und ihrer Unterstützer führen nicht, wie sie stolz behaupten, das zionistische Projekt ans Ziel – sie begraben es. Sie haben es für richtig gehalten, den jüdischen Charakter Israels in sein Grundgesetz aufzunehmen, und arbeiten unaufhörlich an seiner Dejudaisierung. Deswegen, und obwohl sich immer bedrohlichere Hürden dadurch aufbauen, dass die einen ihren Annexionismus und die anderen ihren Panislamismus pflegen bzw. eisern auf ihrer Forderung nach einer Rückkehr in das Land innerhalb der Grenzen Israels beharren, lasse ich mich nicht beirren und halte mich an den großen Historiker J. L. Talmon, der in der Zeitung *Haaretz* am 30. März 1980 in einem offenen Brief an Menahem Begin schrieb: »Das einzige Mittel, eine Koexistenz zwischen den Völkern zu bewerkstelligen, ist heute, so ironisch und enttäuschend das erscheinen mag, sie voneinander zu trennen.«[42]

Talmon war kein Träumer. 286 ehemalige Generäle der Armee, des Mossad, des Schin Bet und der Polizei haben sich kürzlich unter der Bezeichnung *Commanders for security* zusammengeschlossen. Nachdem sie sorgfältig die negativen Auswirkungen analysiert hatten, die eine Annexion von Judäa und Samaria auf die Sicherheit Israels haben würde, plädierten sie ausdrücklich für eine »Regierung der nationalen Trennung«. Angesichts ihrer beruflichen Herkunft wird man ihnen kaum Blauäugigkeit vorwerfen. Sie sind Pragmatiker. Doch wird das genügen? Wird man auf diejenigen, die den Feind verfolgt und bekämpft haben, eher hören als auf Akademiker, die sich die Hände nicht schmutzig gemacht haben? Oder wird die Angst die Israelis dazu verleiten, das schlimmere Übel zu wählen?

Eines steht fest: Für mich ist dieses Thema nicht abgeschlossen.

III Begegnungen

Blicken wir noch einmal zurück.

EINES TAGES, IM JUNI 1977, als mein erstes Jahr als Gastdozent in Berkeley zu Ende ging, rief mich Pascal Bruckner an und teilte mir mit, er habe gerade einen Brief von Michel Foucault bekommen, voll des Lobes über unsere kurz zuvor erschienene *Neue Liebesunordnung*. Foucault habe unsere These gefallen, dass die viel berufene sexuelle Befreiung weder dem Begehren noch der Liebe gerecht werde. Ich war völlig verblüfft, konnte meinen Ohren nicht trauen. Foucault genoss damals hohes Ansehen für seine Philosophie, seine kritische Radikalität, seine Gelehrsamkeit und seinen Stil. Seine Sprache funkelte, sein Wissen faszinierte, und, noch wichtiger, er ließ »das Donnerrollen der Schlacht«[43] vernehmen. Er war der Größte, er beherrschte das Geistesleben, man hatte den Eindruck, er habe alle Bücher gelesen, und nun gab er mir den Ritterschlag, mir, einem Nichts, einem Anfänger, der voller Zweifel seine ersten Gehversuche machte! Ich bin damals vor Freude in meinem kalifornischen Bett auf und ab gesprungen und habe in der folgenden Nacht kein Auge zugetan. Ein paar Wochen später stellte mich Pascal dem Verfasser von *Überwachen und Strafen* vor. Er war so direkt im Umgang, im Gespräch so überaus lebhaft und von so unersättlicher Neugier, dass ich meiner Erinnerung nach jegliche Schüchternheit ablegte. Uns vereinte ein geistiges Band. Nach meiner endgültigen Rückkehr aus den USA sahen wir uns regelmäßig. An einem Sonntag im Winter luden mich ein paar seiner jungen Freunde zu einem LSD-Abend in die Rue de Vaugirard ein, mit ihnen und Foucault. Ich nahm eher selten Drogen, schätzte aber LSD, weil die Tabletten zuverlässig wirkten, während ich mich beim Inhalieren immer schwertat. Bei LSD wusste ich, dass es mich nicht außer Gefecht setzen würde. Ich zögerte also nicht, der Einladung Folge zu leisten. Foucault öffnete mir die Tür. Er war völlig nüchtern und hatte an diesem Tag ganz offensichtlich vor, es auch zu bleiben. Statt kichernd und lallend auf dem Teppich zu liegen und mich leicht halluzinierend der Euphorie hinzugeben, folgte ich ihm also lieber in sein Arbeitszimmer, wo wir bis zum Morgengrauen nicht aufhörten zu reden.

Obwohl er auf meine Generation und auf mich großen Einfluss ausübte, bin ich kein Schüler Foucaults geworden. Ich habe mich durchaus auch von dem abgegrenzt, was ich von seiner philosophischen Arbeit verstand, doch ich habe voller Hochachtung wahrgenommen, welche enormen Anstrengungen er in seinen letzten Jahren unternahm, sich durch eine Geschichte der Ethik selbst zu korrigieren, d.h., die Tendenz, menschliches Verhalten von Dispositiven der Macht abzuleiten. Nicht alle Denker bringen es fertig, ihr eigenes System so grundlegend infrage zu stellen. Außerdem war ich ihm dafür dankbar, dass er die UNO-Resolution, in der man den Zionismus mit einer Form von Rassismus verglich, als beschämend bezeichnet hat,[44] und das in einer Zeit, als Deleuze und die ganze Bewegung der Nach-Achtundsechziger anfingen, die bloße Existenz Israels zu kriminalisieren. Diese Freundschaft, die Foucaults Epigonen gern wie einen Schmutzflecken vom Ärmel wischen würden, bleibt mir so wichtig, dass es mich immer traurig macht, wenn man ihm Schlechtes nachsagt.

Foucault verständigte sich 1978 mit der italienischen Zeitung *Corriere della Sera* darauf, Schriftsteller und Philosophen, d.h. Nichtjournalisten, zu *Ideenreportagen* aufzufordern, denn seiner Meinung nach sollte man sich nicht vom Reden über das Ende der Ideologien täuschen lassen: »... in der heutigen Welt wimmelt es von Ideen, die entstehen, sich bewegen, verschwinden oder wieder auftauchen und den Menschen wie auch den Dingen Stöße versetzen. Und das nicht nur in intellektuellen Kreisen oder in den Universitäten Westeuropas, sondern überall in der Welt und unter anderem auch bei Minderheiten oder Völkern, die in ihrer Welt bislang noch nie daran gewöhnt waren, das Wort zu ergreifen oder sich Gehör zu verschaffen.«[45] In Absprache mit dem

Pariser Korrespondenten des *Corriere* hatte ich die Aufgabe, die kleine Gruppe ins Leben zu rufen, die Foucault sich vorgestellt hatte, und ich selbst recherchierte zum Aufkommen der libertären Rechten in den USA und anschließend mit Benny Lévy in Israel und Ägypten über die Bedeutung des Friedens in der Folge des Abkommens von Camp David. Dann schlug ich ein Treffen mit Milan Kundera vor. Foucault war begeistert und gab grünes Licht. Kundera, mit dem man nicht einfach in Kontakt kam, sagte schließlich zu, und dieses Treffen hat mein Leben verändert.

Durch den Umgang mit Kundera begriff ich, dass Hermetismus kein Beweis intellektueller Überlegenheit ist. Ich ließ mich nicht länger durch dunkle Ausdrucksweise einschüchtern. Kundera verstand es, Klarheit mit Tiefe souverän zu verbinden, und sein stets wacher Humor öffnete mir die Augen für die Komik, die sich in jeder menschlichen Situation verbirgt: »Niemand und nichts ist frei von Komik. Sie gehört zu unserer Natur, ist unser Schatten, unser Trost und unser Fluch.«[46] Das Land, in dem ich lebe, liebt Emphase und Effekt. In Frankreich schmückt man sich gern mit wohltönenden Illusionen. Kundera hat mich von diesem Fehler geheilt, indem er gnadenlos die Posen hinter der Prosa freilegte, und ganz besonders diejenigen, die ich in meiner leidenschaftlichen Jugend teilweise eingenommen hatte: »Dieses unendlich lächerliche Wort *Kampf*. Woraus hatte ihrer beider Kampf bestanden? Sie hatten in endlosen Sitzungen gesessen und davon Schwielen am Hintern bekommen, doch in dem Moment, als sie von ihren Stühlen aufstanden, um irgendeine sehr radikale Meinung vorzutragen (den Klassenfeind gelte es noch strenger zu bestrafen, diesen oder jenen Gedanken noch unnachgiebiger zu formulieren), hatten sie das Gefühl, wie Figuren heroischer Bilder zu sein.«[47] Ich verdanke es Kundera, dass ich den Weg zu Ende ging, an dessen Anfang *Der eingebildete Jude* stand, und dass ich endgültig wieder auf dem Boden der Tatsachen ankam. Dieser Realismus hat keinen Romancier aus mir gemacht. Doch ich weiß durch Kundera und auch durch Proust, den ich im Licht seines Denkens und seiner Praxis wiedergelesen habe, dass der Roman eine Entscheidung für Prosa ist, der Anspruch, alles aufzusammeln, »was die höheren Musen der Philosophie und der Kunst verworfen haben«.[48]

In meinem Literaturstudium hatte man mir das ganz anders dargestellt. Von meinen Lehrern – allen voran Roland Barthes, der mir am nächsten stand – hatte ich gelernt, dass die Literatur ihr eigener Gegenstand sei. Als Reaktion auf ihre plumpe Instrumentalisierung durch das Engagement im Sinne Sartres priesen sie den *intransitiven* Charakter des literarischen Schreibens und gingen sogar so weit, die Geschichte in zwei antithetische Epochen einzuteilen: eine Vergangenheit, als die Mimesis herrschte, und an die sich manche immer noch klammerten; und eine durch den Bruch mit der Repräsentation definierte Modernität, die das Schreiben des Abenteuers in einem schwindelerregenden Chiasmus durch das Abenteuer des Schreibens ersetzte. Zu dieser Zeit warnte Barthes vor der »referentiellen Illusion« und stellte ihr den »Zauber des Signifikanten« entgegen. Blanchot behauptete, »im letzten Grunde ist das Werk nur da, um die Suche nach dem Werk einzuleiten«,[49] und Foucault bekräftigte das, indem er sagte: »Sie [die Literatur] braucht also nur noch in einer ständigen Wiederkehr sich auf sich selbst zurückzukrümmen, so als könnte ihr Diskurs nur zum Inhalt haben, ihre eigene Form auszusagen.«[50]

Diese Selbstbezogenheit fesselte und hemmte mich gleichzeitig. Nach meinem Hochschulabschluss in der modernen Literaturwissenschaft wandte ich mich der Phänomenologie zu, weil ich für das freudlose Glück des *textuellen Akosmismus* nicht die Erforschung der Lebenswirklichkeit aufgeben wollte. Natürlich legte ich Wert auf die Form, aber sie genügte mir nicht. Ich brauchte Werke, deren Zeichen über diese selbst hinauswiesen. Da trat Kundera auf den Plan und verteilte wie nebenbei die Rollen neu. Er wies dem Roman die Aufgabe zu, von der ich bis dahin geglaubt hatte, sie sei einigen Philosophen vorbehalten. Es reizte ihn nicht, einen Bruch um seiner selbst willen zu suchen, und durch seine historischen Erfahrungen war er auch gegen den Wunsch immun, einen Schlussstrich unter die Vergangenheit zu ziehen. Er formulierte eine Definition des Modernismus, die ich zuvor noch nie gehört hatte: »Modern sein bedeutet, *auf dem ererbten Weg* zu neuen Entdeckungen voranzuschreiten.« Kundera sagte, mit Flaubert, dass der Romanautor sich bemüht, »in die Seele der Dinge zu gehen«,[51] und mit Proust: »Das Werk des Schriftstellers ist nur eine Art optisches Instrument, das er dem Leser bietet, um ihm zu ermöglichen, das zu erkennen, was er ohne dieses Buch vielleicht nicht in sich selbst gesehen hätte.«[52] So lenkte er meinen Blick zurück auf die Wahrheit des Romans. Er zeigte mir, wie ich aus dem »trostlosen Spielplatz für blutleere Mandarine«, in den sich die literarische Welt verwandelt hatte,[53] durch die Literatur herausfinden konnte. Ich suchte nun nicht mehr nur bei Levinas, Sartre oder Hannah Arendt Aufklärung über die wichtigsten Aspekte der Natur des Menschen, sondern nahm, um meinen Wissensdurst zu stillen, die Romane von Mme de La Fayette, Dostojewski, Henry James, Joseph Conrad, Vassili Grossman, Milan Kundera, Albert Camus, Hjalmar Bergman, Philip Roth und Karen Blixen aufs Neue in die Hand. Die großen Bücher lesen uns – das war durch das Studium bei mir in Vergessenheit geraten, und nun kam die Erkenntnis zurück. Mit dieser Wegzehrung konnte ich die Exegese in Angriff nehmen.

Das ist aber nicht alles. Bei meinem Unterfangen stieß ich auf den ersten Satz im Vorwort zur französischen Ausgabe von Joseph Conrads *Der Nigger von der Narcissus*: »Jedes literarische Werk, das, wie bescheiden auch immer, einen künstlerischen Anspruch erhebt, muss seine Existenz in jeder Zeile rechtfertigen«[54] – ich habe das auf mich bezogen. Ich bin kein Romancier, und ich werde mich hüten, mich mit den Autoren zu vergleichen, die in den Regalen meiner idealen Bibliothek stehen. Joseph Conrads Anspruch kann ich mich dennoch nicht entziehen. In der Form des Essays und mit den Mitteln, die mir zu Gebote stehen, bemühe ich mich, ihm gerecht zu werden.

IV Auf der Suche nach der gegenwärtigen Zeit

DEN DICHTERN UND DENKERN Mitteleuropas verdanke ich auch, dass mir meine Zugehörigkeit zur europäischen Kultur und meine Bindung an sie bewusst wurde. Bevor ich ihre Werke gelesen und mit manchen ihrer Autoren auch persönlichen Umgang hatte, war ich mit Julien Benda der Meinung, es gebe keine *europäische Wesenheit*. Für mich bestand die Eigenheit Europas eben darin, dass es keine Eigenheit hatte und nur mit abstrakten, universellen Prinzipien zu definieren war. Europa hatte die Menschenrechte erfunden. Es galt, sich damit zu identifizieren, denn man wusste ja, wohin die Verabsolutierung kollektiver Unterschiede geführt hatte. Die Erinnerungspflicht gebot Europa, einer kommenden Menschheit den Weg zu bahnen, die nichts Trennendes im Inneren mehr zerreißen konnte. Dafür musste Europa mit gutem Beispiel vorangehen, indem es sich selbst und seine dunkle Vergangenheit hinter sich ließ. Es war eine Pflicht, Identität zugunsten von Werten aufzugeben. Zweimal hintereinander hatte die europäische *Zivilisation* schreckliche Kriege hervorgebracht, nun war es Zeit, an ihre

Stelle die Normen und Verfahren der europäischen *Konstruktion* zu setzen.

Meine Gewissheiten sind durch Menschen mit anderer Meinung erschüttert worden. Als die Jahre der militanten Protestbewegung zu Ende gingen, versöhnten mich Kundera, Miłosz, Brandys oder Kołakowski nicht etwa nur mit dem politischen System, in dem ich – auf der richtigen Seite des in Jalta geteilten Europa geboren – zu meinem Glück aufgewachsen war. Denn sie politisierten nicht bloß, sie blieben nicht bei der (im Übrigen unverzichtbaren) Entzauberung der revolutionären Utopie stehen. Sie begnügten sich nicht damit, dem progressistischen Schema der Konfrontation zwischen Kapitalismus und Kommunismus die Realität eines Konflikts zwischen Demokratie und Totalitarismus entgegenzuhalten. Wer sich die Mühe machte, sie aufmerksam zu lesen, dem zeigten sie vielmehr, dass bei der sowjetrussischen Herrschaft über Mitteleuropa die Kultur auf dem Spiel stand. Kundera sprach 1983 vom »entführten Westen«. Der Artikel begann mit einer Anekdote, über deren Bedeutung ich bis heute nachdenke: »Im November 1956 sandte der Chefredakteur der ungarischen Nachrichtenagentur MIT, kurz bevor sein Büro von der Artillerie dem Erdboden gleichgemacht wurde, per Fernschreiber die verzweifelte Botschaft an die ganze Welt, dass der russische Angriff auf Budapest begonnen habe. Das Fernschreiben endete mit den Worten ›Wir sterben für Ungarn und für Europa‹.«[55] Was bedeutete dieser Satz? Natürlich, dass die russischen Panzer Ungarn bedrohten, und damit auch Europa. Doch in welchem Sinn brachten sie Europa in Gefahr? Planten die Panzer die Grenzen Ungarns in Richtung Westen zu überschreiten? Nein, was der Chefredakteur der ungarischen Nachrichtenagentur sagen wollte, war: Europa war in Ungarn selbst bedroht. Er war bereit zu sterben, damit Ungarn Ungarn blieb – und Europa.

Was für ein Schock! Ich fiel aus allen Wolken: Ich, der ich meinte, nach den Katastrophen des 20. Jahrhunderts klüger geworden zu sein und alle weltlichen Vaterländer, Israel ausgenommen, mit Argwohn betrachtete; ich, der ich glaubte, der Alte Kontinent müsse, um die Dämonen seiner Vergangenheit zu besiegen und keinen Schaden mehr anrichten zu können, in das postidentitäre Zeitalter aufbrechen; ich sah mich plötzlich mit einer Verteidigung der europäischen und der nationalen Identität konfrontiert, die keinesfalls als Rassismus einzuordnen war. Europa oder die Nation, sagte ich, bevor ich Kundera gelesen hatte. Als ich ihn las, begriff ich, dass es bei Europa *und* der Nation um ein und dieselbe Sache gehen konnte.

Nachdem mir nun bewusst wurde, dass ich inkonsequent gewesen war und einen falschen Weg gewählt hatte, gründete ich 1986 den *Messager européen*. Diese Zeitschrift erschien zehn Jahre lang. Ich brachte sie gemeinsam mit Élisabeth de Fontenay, Béatrice Berlowitz und Danièle Sallenave heraus. Ich wollte den Dialog zwischen den beiden seit 1945 getrennten Teilen Europas vertiefen und unser Europa, das durch zu viel Angst vor dem Vergessen vergesslich geworden war, in die Lage versetzen, zu sich selbst zurückzufinden. Wie notwendig und schwierig diese Aufgabe war, zeigte sich mir im gesamten Verlauf des letzten europäischen Konflikts im 20. Jahrhundert. Drei Monate nach der Belagerung und Zerstörung der Stadt Vukovar durch die serbisch-jugoslawische Armee fand im Palais Chaillot ein großes Kolloquium zum Thema »Europa oder Ethnien« statt. Wir sollten wählen zwischen dem Universalen und dem Partikularen, zwischen Geist und Ethnie, zwischen der Zustimmung zu großen Prinzipien und der Zugehörigkeit zu einer geografischen Heimat und einer Geschichte. »Sterben für das Vaterland und für Europa«, diesen Satz bekam man in Paris nicht zu hören. Ich hatte gewagt, das Tabu zu brechen und das Amalgam aus dem aktuellen Kroatien und dem von Hitler eingerichteten Ustascha-Staat anzuprangern, auf das die großen Moralisierer starrten wie das Kaninchen auf die Schlange. Daraufhin schimpfte man mich »Finkielkroate«. Erst die Aggression von Bosnien-Herzegowina, das keine Nation war, sondern ein Mosaik, eine Mischung, ein Flickenteppich von Identitäten, konnte die westliche Intelligenzija dazu bewegen, von ihrem Olymp herabzusteigen und Partei zu ergreifen.

Am 11. September 2001 setzte ein Wandel ein. Wie Pierre Manent schrieb, erkannte man nun, dass die Menschheit von tiefen *Spaltungen* geprägt ist, die sich nicht immer beseitigen lassen. Man hatte den Fall der Mauer in Berlin gefeiert, und nun wurde durch den »Heiligen Krieg«, den Doppelangriff auf das World Trade Center und das Pentagon, die Existenz einer anderen Mauer sichtbar, dass nämlich, trotz der enormen und ständig zunehmenden Möglichkeiten zu kommunizieren, die Gesellschaften wechselseitig undurchlässig werden können.[56] Nach diesem schicksalhaften Tag hat auf dem Alten Kontinent der Dschihad Einzug gehalten, und wer Augen hatte zu sehen, konnte erkennen, dass er die schärfste Ausprägung eines beispiellosen Phänomens darstellte: den Zusammenstoß der Kulturen im Inneren nationaler Gemeinschaften. Dass Einheimische und Neuankömmlinge in der sogenannten postkolonialen Einwanderung an ein und demselben Kulturerbe partizipierten, war nun nicht mehr selbstverständlich. In den ständig wachsenden Problemvierteln stellt sich die soziale Frage in besonderer Schärfe, aber unter neuen Bedingungen. Das Soziale lässt sich nicht mehr auf das Ökonomische reduzieren. Unser selbstverständlicher Materialismus erweist sich als unzulänglich, und es ist nicht mehr zu leugnen, dass nicht allein ihr Vorteil die Menschen antreibt, sondern ihre Leidenschaften, ihre Überzeugungen, ihre Traditionen, und dass andere kollektive Kräfte am Werk sind als die Kaste der Herrschenden und die Masse der Beherrschten. Es kommt zu Spaltungen, die Gewalt explodiert, und Wut und religiöses Eiferertum werden in einer Form sichtbar, die mit Klassenkampf nichts mehr zu tun hat. Lehrer unterrichten mit Angst im Nacken; die Polizei, aber auch Feuerwehrleute, Ärzte und Krankenschwestern sind regelmäßig Ziel von Attacken; Handeln und Verhalten signalisieren zunehmend einen Bruch mit dem Rest der Nation, wobei die Ablehnung der Kultur des Gastlandes sich etwa auch in der Kleidung und im Lärm mancher Hochzeitsfeiern manifestiert. Ganz gleich welche hermeneutischen Verrenkungen man vollführt, es ist ausgeschlossen, dass sich dieses »unbeugsame« Verhalten Frankreich gegenüber im trauten Heim eines »Unbeugsamen Frankreich« unterbringen lässt.[57] Um eine Formulierung von Élisabeth Badinter aufzunehmen: »Eine zweite Gesellschaft, die unserer Republik den Rücken kehrt, versucht durch die Hintertür, sich in ihr durchzusetzen, und verfolgt dabei explizit das Ziel des Separatismus, um nicht zu sagen der Abspaltung.«[58]

Den Bürgern, die vergessen hatten, wo sie wohnten und wohin sie gehörten, hat dieser Separatismus drastisch vor Augen geführt, dass sie, wie Péguy es ausdrückt, »verantwortlich und rechenschaftspflichtig« sind »als Erben und Verwalter eines ständig gefährdeten Guts«.[59] Nun beobachten sie, wie die Bereiche zunehmen, in denen sie selbst die Fremden sind, und haben Heimweh im eigenen Land. Das Exil in der Heimat weckt eine verschüttete Erinnerung.[60] Sie waren schon immer laizistisch, aber bis in jüngster Zeit nahmen sie das nicht besonders wichtig, sie dachten gar nicht mehr daran, denn seit der Trennung von Kirche und Staat hatten sie keinen wirklichen Gegner mehr. Mit dem Kopftuchproblem werden sie auf sich selbst zurückgeworfen. Als das Tragen von deutlich sichtbaren religiösen Symbolen in Lehranstalten untersagt wurde und man damit bei den meisten moralischen Instanzen außerhalb Frankreichs auf Unverständnis und scharfe Kritik stieß, haben sie daraus nicht gefolgert, dass die Kritiker im Irrtum sind oder noch nichts begriffen haben, sondern dass die Säkularisierung in den anderen westlichen Ländern ganz anderer Natur ist als in Frankreich. Man verlässt das Haus des Herrn nicht überall durch die gleiche Tür. In den meisten Demokratien wird in der Schule im Namen der Gewissensfreiheit erlaubt, was man bei uns im Namen der Gleichberechtigung und der religiösen Entscheidungsfreiheit verbietet. Diese Positionen sind unvereinbar, und weil unsere Bürger diese offenbare Erkenntnis verschlafen haben, sich aber weder der Mehrheitsmeinung des Multikulturalismus anschließen noch sich dadurch lächerlich machen wollen, dass sie als exklusive Vertreter einer universal geltenden Wahrheit auftreten, bringen sie nun ihre Besonderheit *als solche* ein und verteidigen sie folgendermaßen: »Wir Franzosen müssen unsere Ansprüche zurückschrauben. Wir haben nicht das Monopol auf das Ideal, wir verfügen nicht exklusiv über die richtige Definition der Menschenrechte, wir sind nicht der Leuchtturm für alle Nationen, wir sind, was wir sind, und es ist uns wichtig, so zu bleiben.

Angesichts der Herausforderungen durch den Islam schützen die Gesetze des Laizismus unsere Lebensweise und unsere Vorstellung von der Freiheit.« Was sie da sagen, überrascht sie selbst.

Man hatte ihnen beigebracht, nur Werte hochzuhalten, und nun macht die Gefahr im Verzug ihnen bewusst, dass sie auch an Sachen hängen, an vertrauten Gegenständen, einer Lebensweise, die die Zeit geformt hat. Sie waren darauf programmiert, die Herrschaft der Toten zu erschüttern, und plötzlich wird ihnen bewusst, dass *mit dem Tod noch nicht alles vorbei ist*. Sie stellen fest, dass die Toten immer noch sterben können und dieses Hinscheiden sie ratlos zurücklassen würde. Solange Frankreichs Anteil an der europäischen Kultur selbstverständlich war, bedeutete er ihnen nichts. Sie übersahen großzügig, dass sie auf ihn angewiesen waren; diese Kultur spielte in ihrem politischen Denken keine Rolle, es sei denn als überholte Wirklichkeit oder verdächtige Fiktion. Nun, da ihre Existenz selbst infrage gestellt wird, bringt sie sich wieder in Erinnerung. Sie scheint gefährdet und wird ihnen wert. Die Sorge um ihr Fortbestehen bestimmt das Bewusstsein und führt zum Engagement. Die Bedrohungen, denen die nationale Identität ausgesetzt ist, und das Unheil, das sie erfährt, machen sie zu ihren Hütern wider Willen. So hatten sie zum Beispiel nicht ständig an Notre-Dame gedacht, aber als die Kathedrale in Flammen stand, entdeckten sie, wie sehr sie an ihr hängen: Sie ist nicht bloß ein touristisches Juwel, sondern – ob sie nun katholisch sind oder nicht – ein Teil ihrer eigenen Substanz. Sie finden Trost in der Vorstellung, dass das Bauwerk dank des technischen Könnens der Handwerker wieder auferstehen kann, und gleichzeitig hoffen sie inständig, dass die Ungeduld und Arroganz der Zeitgenossen nicht alles verderben wird. Sie weinen dem tausendjährigen Holz des gewaltigen Dachstuhls nach, und unversehens schleicht sich das Gefühl von der Zerbrechlichkeit der Dinge in ihre Vorstellung von Geschichte ein.

Man täusche sich also nicht: Eine Identität, wie Maurice Barrès sie formuliert hat – »die lange Reihe der Nachkommen formt nur ein einziges Wesen« –, lässt sie erschaudern. Zwar empfinden sie wieder die Kontinuität von Geschichte, doch nie würden sie sagen, dass sich »der Einzelne aufgibt, um sich in der Familie, der Rasse, der Nation wiederzufinden«.[61] Die Identität, als deren Träger sie sich fühlen, ist nicht die eines naiv verstandenen Determinismus, sondern, in der Nachfolge von Péguy und, zeitlich noch näher, von Saint-Exupéry, die eines gewissen Zusammenwirkens von Dingen, das umso mehr Aufmerksamkeit erfordert, als es durchaus fragil ist: »Was wird bleiben, von dem, was ich liebte?«, fragt der Autor von *Wind, Sand und Sterne* und erläutert, dass er dabei nicht nur von Menschen, sondern auch von Lebensweisen, von »einem unersetzbaren Tonfall, einer bestimmten geistigen Leuchtkraft« spricht.[62]

Nachdem sich diese Identität als vergänglich erweist, gehen sie achtsamer mit ihr um, halten sie nicht mehr für selbstverständlich. Sie erkennen ihre entscheidende Bedeutung, und die ehemals verwöhnten Kinder lernen die Dankbarkeit. Sie leugnen nicht die Philosophie der Emanzipation, sie haben einfach gelernt, Danke zu sagen, und wollen das gegen alle Widerstände weiterhin tun können. Wenn sie, ohne von Natur aus dazu zu neigen, Konservative geworden sind, dann nicht, weil sie im Alter jede Neuheit für verderblich halten, und auch nicht etwa, weil sie sich nun wehleidig an Recht und Ordnung klammern oder Privilegien schützen wollen. Vielmehr weigern sie sich zuzusehen, wie ihnen der Nährboden, auf dem sie gewachsen sind, abhandenkommt und sie an Ort und Stelle entwurzelt werden. Es ist ein Irrtum zu meinen, sie wären zur Rechten übergelaufen, ganz gleich, ob das begrüßt oder verurteilt wird. In Wahrheit fürchten sie um das Überleben der historischen Gemeinschaft, innerhalb derer die große Auseinandersetzung zwischen links und rechts erst ihren Sinn erhält.

Ich habe oben noch einmal auf Péguy verwiesen, weil dieser Katholik, Patriot und eingefleischte Dreyfus-Anhänger uns, indem er pauschale Alternativen ausschließt, auf uns selbst zurückführt. Der Autor von *Notre Jeunesse* (Unsere Jugend) ist unser *Unzeitgenosse*[63] par excellence, und er hat lange teuer dafür bezahlen müssen. In den 1980er-Jahren erklärte ihn Bernard-Henri Lévy in einem aufsehenerregenden Essay zusammen mit Barrès kurzerhand zum Begründer der französischen Variante des Nationalsozialismus. Die Emphase seiner Darlegung und bestimmte Verkürzungen stießen zwar auf Kritik, aber was diese besondere Behauptung anging, so stimmten ihm angesehene Wissenschaftler zu – wie etwa Henri Guillemin, bekannter und scharfzüngiger Biograf, oder der große Historiker Zeev Sternhell –, und ein großer Teil der Intellektuellen, die gerade anfingen, ihren Antirassismus zu entdecken, schloss sich dem vernichtenden Urteil an. Von Péguy zu Pétain, das war nur folgerichtig.

Ich wollte mit meinem Buch Berufung gegen dieses Urteil einlegen und eine Schuld der Juden einem Menschen gegenüber abtragen, der hellsichtig genug war, in Bernard Lazare einen Propheten Israels zu erkennen – in einer Zeit, in der, wie Gershom Scholem schreibt, »die französischen Juden selbst nichts Besseres zu tun hatten, als einen ihrer Größten aus Verlegenheit oder aus Missgunst, aus Groll oder aus Ignoranz totzuschweigen«.[64]

Das war aber nicht alles. Ich hatte zur Feder gegriffen, um ein ungerechtes Urteil zu korrigieren, und lernte auf diesem Weg einen so produktiven und lebendigen Denker kennen, dass ich ihn, ohne mich auch nur eine Sekunde mit seinem Genie vergleichen zu wollen, wie einen Bruder lieben lernte. Jedes Mal, wenn ich den Bericht über die Schullaufbahn dieses Sohns einer Stuhlflechterin lese, steigen mir Tränen in die Augen: »Der Bürgersohn, der in die Sekundarstufe kommt, kann sich nicht vorstellen, was für ein Scheidepunkt das für mich war: den Übertritt in die Sekundarstufe zu schaffen oder an ihm zu scheitern; und was für eine Erneuerung, in diese Klasse einzutreten.« Nachdem Péguy die erste Phase der Primarstufe hinter sich hatte, sollte er sie eigentlich auf einer fortführenden Primarschule in Orléans abschließen. Doch deren Direktor, M. Naudy, sah die Dinge anders: »›*Er muss Latein lernen*‹, sagte er. [...] Was jener Eintritt in die Sekundarstufe zu Ostern für mich bedeutete, verbunden mit dem Erstaunen vor der Neuartigkeit des *rosa, rosae*, der Öffnung einer ganzen Welt, einer ganz anderen, einer ganz neuen Welt, das müsste gesagt werden, aber das würde mich in Zärtlichkeiten verstricken. Der Grammatiker, der eines schönen Tages und als Erster die lateinische Grammatik mit der Deklination von *rosa, rosae* öffnete, wird nie wissen, welche Blumenbeete er der Seele des Kindes aufschloss.«[65]

Es gibt nicht mehr viele Philologen, Amtsträger oder ehemalige Schüler, die sich heute noch zu der Aussage versteigen würden, die lateinische Sprache *eröffne eine Welt*, und die diese Welt, gegen alle Chronologie, auch noch als *neue* Welt bezeichnen würden. Gewiss, heutzutage müsste kein M. Naudy mehr eingreifen, um den Übergang auf das Gymnasium zu ermöglichen. In Frankreich geht nun jedes Kind so selbstverständlich auf die weiterführende Schule wie ins Netz. Doch diese Demokratisierung der Schulbildung verläuft parallel zur fortschreitenden Beseitigung dessen, was zuvor ihren Wert ausmachte. Durch seine großartige Liebeserklärung und die Beschreibung des

Lehrers als Repräsentanten der Kultur im Unterricht, d.h. der Dichter und Künstler sowie der Philosophen und Wissenschaftler, erklärt sich Péguy dem zugehörig, was Kundera nostalgisch »die Vergangenheit der Neuzeit«[66] nennt. »In der Neuzeit, in der der mittelalterliche Gott in einen *Deus absconditus* verwandelt wurde, verabschiedet sich die Religion und machte der Kultur Platz, die zum Ausdruck der höchsten Werte wurde, in denen sich die europäische Humanität selbst wiederfand, sich definierte und sich selbst als europäische identifizierte.«[67]

Péguy hatte eine Vorahnung von dem, was kommen sollte: Inzwischen muss auch die Kultur ihren Platz räumen. Doch er wusste nicht, dass sie von ihrem Homonym entthront werden würde. Der Kultivierte verschwindet im Kulturellen, und was dieses Etwas kennzeichnet, ist seine Fähigkeit, alles zu erfassen. Es überlässt der Natur nicht den kleinsten Krümel mehr, es deckt den gesamten Bereich des Erlebens ab, es verschlingt gierig das ganze Phänomen Mensch. Es gibt kein Anderes, kein Äußeres, das ihm zuzuweisen wäre: Kein Verhalten existiert außerhalb dieser Kultur oder geht ihr voraus, keine Art zu sein oder zu empfinden liegt diesseits oder jenseits ihrer Jurisdiktion. Es gibt keinen Zugang zur Kultur über Bücher oder Lehrer, wir schwimmen in ihr, wir sind »drin«, ganz gleich, was wir sagen oder tun. Da ist nichts, was diese einst eng begrenzte Bezeichnung nicht verdiente. Die Unkultur ist wie von Zauberhand weggewischt: »Alles ist Kultur«, verkünden die Sozialwissenschaftler, und daraus folgt, dass jeder Rap Musik ist, jeder sprachliche Rülpser Poesie, jede Obszönität eine Blume des Bösen. Früher konnte sich niemand wie Baron Münchhausen am eigenen Schopf aus dem Sumpf ziehen. Heute *ist* die Kultur der Sumpf. Man muss nicht mehr aufstehen, um sich ihr zu nähern. Das Wort, das gleichzeitig den Weg und das Ziel bezeichnete, erklärt jetzt ein wie auch immer geartetes »Wir sind schon da« zum Maß aller Dinge.

In dieser neuen Konfiguration der Geisteswelt sind die Lehrer, Péguys »schwarze Husaren« der Republik, kein Vorbild mehr, sondern ein Gegenmodell. Die Zeit der Begeisterung im Sinne Péguys ist definitiv abgelaufen: Das Misstrauen ist größer als die Dankbarkeit, man verdächtigt eher, als dass man lobt, und entdeckt mit Bourdieu die *symbolische Gewalt* schon in der Ausübung des Berufs. Die Vermittlung von Kultur wird neu gedeutet, indem man sie als »das Aufzwingen eines willkürlichen kulturellen Werts durch eine willkürliche Macht« bezeichnet.[68] Denjenigen, die es sich zur Aufgabe gemacht hatten, möglichst vielen Menschen »das Erbe des geistigen Adels der Welt« weiterzugeben, wirft man vor, zur Reproduktion einer Gesellschaftsordnung beigetragen zu haben. Adel, das bedeutet für die neuen Verteidiger des Volkes ausnahmslos »Ancien Régime«. Die Kultur des Humanismus zählt dazu und verliert den Glanz, den ihr die Tradition verlieh. Was sie herausragend macht, erscheint als Arroganz, ihre Ausstrahlung als Trick der Herrschenden. Ihr universaler Anspruch gilt jetzt als uneingestandener Partikularismus. Diese humanistische Kultur soll sich jetzt bitte ganz klein machen und, wenn sie überleben will, hinnehmen, dass man sie in die Schublade des subjektiven Geschmacks wegpackt. Aristokraten an die Laterne! Nachdem die kritische Soziologie die Entscheidung für anspruchsvolle Werke und Genüsse zum *feinen Unterschied* erklärt hat, d. h., zur obsessiven und ostentativen Absicht, sich vom Vulgären abzuheben, ist es ungehörig geworden, auch nur die geringste Klassifizierung vorzunehmen: Jeder mag, was er mag, jeder zerstreut sich, wie er will; Urteile sind noch zulässig, doch getreu der republikanischen Devise bitte ohne Kriterien! Im Sumpf, in dem jeder badet, gilt alles gleich. Keine Rangordnung bleibt bestehen, nichts Transzendentes ist erlaubt, die allumfassende Gleichheit bewahrt vor der Kränkung durch Größe. »Rache wollen wir üben und Beschimpfung an allen, die uns nicht gleich sind.«[69] Dieser Wunsch, den Nietzsche den Taranteln als Sinnbild der »Letzten Menschen« in den Mund legt, ist endlich in Erfüllung gegangen. Das Ressentiment hat sich in den Mantel der Tugend gehüllt – d.i. der Kampf gegen Diskriminierung und Privilegien – und die übrigen demokratischen Leidenschaften abgelegt.

Die schwarzen Husaren sind noch nicht völlig untergegangen. Ich kenne junge Lehrer, Männer und vor allem Frauen, die sich durch ihre Haltung, ihre Gewissenhaftigkeit und ihr Engagement mit den Lehrern messen können, die Péguy verehrte. Aber lassen wir uns nicht täuschen: Es wird immer schwieriger, diesen Beruf im heutigen Frankreich mit Würde auszuüben. Und das liegt nicht bloß an fehlenden Mitteln, überfüllten Klassen oder großen Veränderungen in der Schülerschaft. Eine Französischlehrerin, die das ewige Lamento über das sinkende Niveau leid war, richtete 2017 eine Plattform im Netz ein, um »Anti-Perlen«, d. h., die »echten« Höhenflüge von Abiturienten zu sammeln. Ein Beispiel, das das populärste französische Radioprogramm begeistert in seinen Medienspiegel übernahm: Eine Schülerin hält ihren Examensvortrag über das Heldentum von *Cyrano de Bergerac*.[70] Als sie fertig ist, fordert der Prüfer sie auf, nun mal das Gelaber zu vergessen und ehrlich zu sagen, was sie wirklich von dieser Figur von Edmond Rostand halte. Solchermaßen ermutigt, reagiert das junge Mädchen wie im Internet und *legt los*: »Dieser Typ ist total bescheuert«, sagt sie im Wesentlichen. »Da lässt sich jemand von einem lächerlichen Komplex wegen seiner Nase unterkriegen und stirbt, weil ihm jemand vom Dach einen Holzklotz auf den Kopf schmeißt, das ist doch erbärmlich!« Abneigung gegen »Loser«, Verachtung für alles, was über das Notwendige hinausgeht, die Unfähigkeit, ein stilistisches Feuerwerk zu genießen oder irgendetwas zu würdigen, das mehr bedeutet als bloßen Überlebenswillen: Das also ist die geistige Erleuchtung, die in dieser Institution begeistert, weil ja nichts lästiger ist als die gemeinsame Hochachtung traditioneller Werte. Weg mit dem Konformismus in der Schule! Es reicht mit den stereotypen Lobreden und den vorgefertigten Referaten! Ein Hoch auf die ungehemmte Subjektivität! Dann tut sich doch wenigstens was. An eben dem Ort, an dem man versuchte, den Weg zur Schönheit der Kunst zu zeigen, belohnt man jetzt, weil man daran nicht mehr glaubt, den mitreißenden Wagemut und das erfrischend Authentische derer, die sie in den Schornstein schreiben. Zwar gibt es noch *Fürsprecher*, doch sie kommen gegen die demokratisch hoch motivierten *Liquidatoren* nicht an.

Unsere Gesellschaft, die in den Bevölkerungsgruppen der Einwanderer mit immer mehr erklärten Feinden der Demokratie konfrontiert wird, bekämpft mithilfe der Begriffe *Elitismus* und *Ethnozentrismus* die Wertschätzung ihres eigenen Kulturerbes. Da sie in der Vergangenheit keine Kraftquelle mehr sieht, sondern eine Fessel, kappt sie – von der Loyalität bis zur Nostalgie – alles, was sie mit ihr noch verbindet, sie leert sich aus, entledigt sich ihrer selbst, und zwar genau zu dem Zeitpunkt, an dem sie für das angegriffen wird, wofür sie steht. Wovon Jean Dubuffet 1968 in *Wider eine vergiftende Kultur* träumte, das wird gerade Realität. Es gibt jetzt »Institute für die Dekulturation«, wo »eine Gruppe gut geschulter Neinsager« die Möglichkeit hat, »systematisch und mit geeigneten Übungen die belebende Fähigkeit des Vergessens« zu »entwickeln«, sodass »der ganze Wust, der ganze Plunder« entfernt wird. 71
Klassisch, erklärte Borges einmal, seien die

Werke, an die man schon mit Herzklopfen und einer unerklärlichen Loyalität herangehe. Wie es sich Jean Dubuffet, der als Künstler der Kunst-Religion den Krieg erklärte – ohne große Hoffnung –, gewünscht hatte, hat die »Kompetenz des eigenen Gefallens [...], losgelöst von jeder Legitimation«[72] über diese jahrhundertealte Überzeugung triumphiert. Das Kulturerbe imponiert niemandem mehr. Auf islamistischen Fanatismus reagieren Frankreich und Europa mit egalitärem Nihilismus. Seit *Die Niederlage des Denkens* bemühe ich mich, das eine zu bekämpfen, ohne mich dem anderen zu beugen. Die Schlacht ist noch nicht gewonnen. Auch ohne Schwarzmalerei darf man behaupten, dass die Chancen dafür minimal sind.

Péguy, habe ich weiter oben gesagt, führt uns auf uns selbst zurück. Mit einem Zitat von Bernanos möchte ich noch etwas über ihn hinzufügen: »Er ist ein Mensch, den man auch nach dem Tode mit der Stimme erreichen kann. Ja, er ist uns sogar noch viel näher, so nah, dass er von uns, von jedem von uns erreicht werden kann. Jedes Mal, wenn man ihn ruft, antwortet er.«[73] Man muss allerdings feststellen, dass ihn nicht jeder ruft, weit gefehlt! Diejenigen, die das tun, weil sie sich wie er »als Erben und Verwalter eines ständig bedrohten Guts rechenschaftspflichtig und verantwortlich« fühlen, müssen mit einem Sturm der Entrüstung rechnen. Sie werden gleich doppelt verurteilt. »Nie wieder das!«, ruft man ihnen zu. Und man hält ihnen die Erklärung der Menschenrechte vor. Der Vorwurf: Hier werde unter den Leistungen der Menschheit eine Auswahl getroffen und der Einzelne unter das Joch von Vorgängern gezwungen. Von allen Seiten prasselt die Kritik auf sie herab. Ein Geschichtsdozent der Universität Paris I Sorbonne geißelt ihre »verwerflichen Aussagen« und »Absichten, die zum Himmel stinken«.[74] In seinem Bericht zur Reform der Einwanderungspolitik beschuldigt sie ein Staatsrat mit einer in solchen Sphären ungewohnten Heftigkeit, der offenen, vielfältigen und lebensfrohen Gegenwart das »vergilbte Klischee des Nationalromans« vorzuziehen. Voller Verachtung erregt sich dieser hochrangige Staatsbeamte über die Anwälte eines »altersschwachen und in imaginären Traditionen gefangenen« Frankreich. Dabei nimmt er sarkastisch das »Geklimper mit Begriffen in Großbuchstaben« aufs Korn, das ihre Reden begleite: »Rechte und Pflichten! Geschichte! Werk! Französische Kultur! Vaterland!«[75] Im Namen des »Anderen« werden sie zu Rassisten erklärt, im Namen von Freiheit und Gleichheit zu Reaktionären. »R« ist der neue scharlachrote Buchstabe.

Ich spreche aus Erfahrung. Schon seit geraumer Zeit etikettiert die »progressistische« Intelligenzija mit diesem Schandmal alles, was ich zu meinem Schaden schreibe oder sage. In den Augen der Akademiker, Schriftsteller, Journalisten und Künstler, die ihren Begriff von Gastfreundschaft der Entscheidung für eine Abschließung entgegenhalten, bin ich wegen der Sorge um meine Heimat und meiner Verbindung mit Israel das, was man ehemals einen Schurken nannte. Dazu kommt, dass für die meisten Soziologen eine unwissenschaftliche Aussage wie die meine nicht zählt, die moralische Verurteilung nun also zusätzlich vom Naserümpfen des qualifizierten Wissenschaftlers begleitet wird. Kaltherzig und auch noch inkompetent: nicht bloß moralisch verwerflich, sondern sachlich eine Niete. Ich würde lügen, wenn ich sagte, dass mir das alles gleichgültig ist. Es trifft mich umso härter, als ich schon zweimal erleben musste, dass kleinere lautstarke Gruppen die von der radikalen Fraktion der Intellektuellen verhängten Bannflüche in Beleidigungen und Spuckattacken umgesetzt haben. Ich bin inzwischen *persona non grata* bei Demonstrationen und Veranstaltungen wie solchen, zu der mich vor einigen Jahren ein Student der *École normale supérieure* einladen wollte: Aus Angst vor den Störungen, zu denen es bei meiner Zusage unweigerlich gekommen wäre, musste er die Einladung zurücknehmen. Und wenn ich vor Kurzem eine Vorlesung an der Pariser Hochschule für Politische Wissenschaften halten konnte, dann nur unter Polizeischutz. Man will den skandalösen Umstand meiner Präsenz in den Medien dadurch ausgleichen, dass man mich aus dem Tempel der Wissenschaft vertreibt. Nicht von der herrschenden Macht wird heute die Zensur ausgeübt, sondern von Protestbewegungen, die Andersdenkende mundtot machen wollen. »Scheißkerl! Rassist! Drecksack!« brüllt der Mann in der Masse. »Ein Verfechter westlicher Vorherrschaft aus der *Académie française*, so abgrundtief reaktionär, dass es schlimmer nicht geht«, schreibt der Intellektuellenpapst Badiou, emeritierter Professor der *École normale supérieure*, der außerdem »allen direkten und indirekten Opfern der Arroganz dieses bösartigen Parasiten progressiver Proteste« seiner Unterstützung versichert.[76] Dieses gegen mich agierende Bündnis zwischen einer gebildeten Elite und einem zügellosen Mob mag marginal erscheinen, doch ich fühle mich gelegentlich versucht, das Handtuch zu werfen. Ich akzeptiere Polemik, ich fürchte mich nicht vor Widerspruch, doch an den Rest, d. h., an die Schmähungen menschenverachtender Fürsprecher der leidenden Menschheit kann ich mich nicht gewöhnen. Ich gebe diesen Anwandlungen von »Wozu das Ganze?« aber nicht nach, ich mache hartnäckig weiter, auch wenn ich mir selbst schade, und zwar aus einem ganz einfachen Grund. Léon Werth hat das in seinem Tagebuch, das er zur Zeit der deutschen Besatzung führte, wunderbar formuliert. Unter dem Datum des 21. Oktober 1940 schreibt dieser große jüdische Freund von Saint-Exupéry: »Mir liegt an einer Zivilisation, an Frankreich. Ich habe nichts anderes, um mich anzuziehen. Ich kann nicht nackt ausgehen.«[77]

V Der Heidegger-Schock

DIE PHILOSOPHIE WAR FÜR MICH lange Zeit ein ferner und weitläufiger Palast, der in jedem seiner Säle ein großartiges System beherbergte. Ich besichtigte diesen Palast unter der Leitung qualifizierter Führer, bescheiden und neugierig, aber ohne besondere Gefühlsregungen. Wie ein Tourist bewunderte ich mit offenem Mund die prächtigen Gedankengebäude, die sich vor meinen Augen auftaten. Und ich war weder Platoniker noch Spinozaner noch Leibnizianer noch Kantianer noch Hegelianer; ich blieb hoffnungslos draußen. Ich fing erst an, mich einbezogen zu fühlen, als ich bei Sartre und dann noch mehr bei Levinas auf Wörter stieß, »die das bezeichneten, worum die Menschen sich immer gekümmert hatten, ohne zu wagen, es sich in einem spekulativen Diskurs vorzustellen«, und diese Wörter »nahmen den Rang von Kategorien an«,[78] so z.B. »*mauvaise foi*«, Angst, Scham, Liebkosung, Antlitz ...

Und dann kam der Heidegger-Schock. Ich besichtigte keinen fernen Palast mehr, als ich Heidegger las. Ich wurde erfasst, einbezogen, beteiligt. Nachdem jede Distanz aufgehoben war, entdeckte ich, dass der Nichtphilosoph, einschließlich meiner selbst, ein Monsieur Jourdain der Philosophie ist, ein Bürger als Edelmann. Die Metaphysik, lehrte mich Heidegger, finden wir nicht jenseits des gewöhnlichen Denkens, sondern sie ist seine Grundlage. Sie hat ihren Platz im konkreten Leben eines jeden Menschen. Sie spinnt die Fäden unserer Existenz. Sie bestimmt unsere gewöhnlichen Einstellungen und unser gewöhnliches Agieren, Reagieren und Nachdenken. Jede Epoche hat ihre Metaphysik, und auf die Frage: Welche ist unsere, antwortet der kritische Heidegger einfach: »Die neuzeitliche Grundstellung ist die ›technische‹.«[79] Der Mensch unterscheidet sich vom Tier durch das Werkzeug, aber das macht die Technik nicht zum ursprünglichen Attribut des *Homo faber*. Wie René Char schreibt: »Die Geschichte der Menschheit ist eine lange Reihe von Synonymen derselben Vokabel. Widerspruch ist Pflicht.« Die moderne Technik geht die Natur im Modus der Herausforderung an, nicht der Anpassung. »Der Schreiner« dagegen »bringt sich [...] zu den verschiedenen Arten des Holzes und den darin schlafenden Gestalten in die Entsprechung, zum Holz, wo es mit der verborgenen Fülle seines Wesens in das Wohnen des Menschen hereinragt.«[80] Die Technik passt sich nicht mehr den Formen und Erscheinungen der Realität an, sie »stellt« sie vielmehr, als berechenbare und auszubeutende Objektivität. Was man mit einer Mischung aus Bewunderung und Beängstigung die Natur nannte, wird unter der Ägide der modernen Technik zur bloßen Lagerstätte von Bodenschätzen und Energie. Was bedeutet Boden für die Metaphysik, die uns beherrscht? Ein Erzlager. Was ein Fluss? Lieferant für Wasserdruck: »Das Wasserkraftwerk ist nicht in den Rheinstrom gebaut wie die alte Holzbrücke, die seit Jahrhunderten Ufer mit Ufer verbindet. Vielmehr ist der Strom in das Kraftwerk verbaut.«[81]

Dieses allgemeine Herausfordern verdichtet Heidegger mit feinem Gespür für philosophische Dramaturgie zu einem einzigen Wort, dem *Gestell*. So fasst er alle Aktionen zusammen, die mit Verben desselben Stamms bezeichnet werden: stellen, bestellen, herstellen, darstellen, vorstellen, aufstellen. Mit dem *Gestell* wird das Reale zum Halten gebracht wie ein Schiff, das man auf hoher See aufbringt. Es muss sich rechtfertigen, Rechenschaft ablegen und ist letztlich gefordert, dem Ziel globaler Rationalisierung zu dienen.

Doch nicht, was an ihr am ehesten sichtbar ist, macht die Technik aus: das Räderwerk, die Kolben, Motoren und Maschinen. Sie betrifft nicht nur den Bereich der Produktion. Heidegger geht sogar so weit zu sagen, dass »die Technik im weitesten selbst nichts ›Technisches‹ ist, sondern ›Geist‹ und das heißt, eine Art, wie das Seiende im Ganzen offenbar wird und als Offenbares waltet.«[82] Mit anderen Worten, nichts entgeht der Herrschaft des *Gestells*. Nichts, nicht einmal die Sprache. Sie wird von vornherein und vorbehaltslos im Horizont der instrumentellen Vernunft gesehen. Man versteht sie nicht mehr als Kultur, sondern als Dienstleistung. Sie war einmal eine

Gabe und ein Erbe. Jetzt, in einer Welt, in der nicht alles funktioniert, aber Funktionieren alles ist, ist sie ein Mittel der Kommunikation und Information. Sie war eine Tradition; jetzt ist sie zum Medium des Austauschs geworden. Der Geist der Technik hat den Genius der Sprache vertrieben und seinen Platz eingenommen. Die Idee, man könne die Sprache lieben, d.h., bewahren, pflegen, ehren, ihr dienen, sie anhören, ist völlig sinnlos geworden. Wer würde sich denn in eine Funktion verlieben? In der Epoche totaler Dienstbarkeit bleibt kein Raum mehr für bewunderndes Staunen oder Dankbarkeit. Allerdings, der Plan, eine Universalsprache zu erfinden, in der Effizienz zum alleinigen Kriterium erhoben wird, ist gescheitert. Doch, wie Julien Gracq zu Recht fragt, was ist das *globish* anderes als ein »gelungenes Esperanto, also der kürzeste und bequemste Weg zur trivialen Kommunikation«?

Hören und schauen wir uns einmal um: Mit *Newsrooms, Spindoktor, Podcast, Primetime, Live-Übertragung, Showbiz, Blockbuster, Fashion Week, Black Friday, Jackpot, Crowdfunding, Teambuilding, Brainstorming, Debriefing, Storytelling, Coaching, Consulting, Marketing, Timing, Shooting, Benchmarking, Coworking, Making of, Zapping, Streaming, Casting, Lifting, Lowcost, Duty-free-Shop, Deal, Spots, Job, Challenge, Turnover, Burn-out, Check-up, Hashtag, Cloud, Mail, Cookie, Bugs, Talks, Tweets, Geeks, Hits, Scoops, Follower, Designer, Hacker, Gamer, Loser, Win-win-Situation, YouTuber,*

Meeting, Fast Food, Think-Tank, Playstation, Millennials, Softporn, Hardcore, Reset, der Wahl zwischen *top-down* oder *bottom-up*, dem Erfolg von *Start-ups* und so weiter hat die Technik das Idiom gefunden, das der Welt gerecht wird, mit dem sie die Welt ersetzt hat: »Es ist unnütz, Rabelais, Montaigne oder Pascal zu bemühen, um mit ihnen eine summarische und primitive Vorstellung vom Leben begründen zu wollen«,[83] schrieb Bernanos am Anfang der Epoche, die alles mit allem verbindet. Sie wurden nicht bemüht. Und in einer Werbung für Smartphones reagiert das Netz auf die letzten Querulanten mit einem strahlenden Lächeln und dem Glaubensbekenntnis: *We love technology*. Es ist nicht das Englische, allem Anschein zum Trotz, das seine Herrschaft auf die übrigen Sprachen ausdehnt, sondern das *Gestell*, das alle anderen Sprachen in den Gleichschritt zwingt, Shakespeares Sprache inbegriffen.

Was in diesem neuen Idiom von der Sprache übrig bleibt, ist eine teigige Masse, und die progressistischen Sprecher, die endlich mit allen Schikanen, Zwängen und Hierarchien aufräumen wollen, nehmen sich nun das Recht, sie nach Gutdünken zu kneten. Dabei lassen sie sich von keinerlei Skrupel aufhalten. Sie setzen sich über den Sprachgebrauch hinweg und verbiegen die Grammatik, und so haben sie die Gewissheit, in ihrem bescheidenen Rahmen am großen Abenteuer teilzuhaben – der endgültigen Humanisierung der Menschheit. Sie verlangen die Abschaffung komplizierter Grammatikregeln, denen sie ankreiden, soziokulturelle Ungleichheiten zu verschärfen. Der Orthografie soll ihr heimtückischer Sexismus ausgetrieben werden, und wenn die *Académie française* ausdrücklich vor den »tödlichen Gefahren« für die Sprache warnt, die von den Medien, der medialen Taskforce der Progressiven, durch das *Gendern* – durch »Wähler*innen, »Verkäufer/innen« oder »HörerInnen« – ausgehen, dann wird sogleich das Feuer auf die Zittergreise dieser Bastion der Ewiggestrigen eröffnet: »Die einzige tödliche Gefahr für die Akademie geht von der Prostata ihrer Mitglieder aus«, spottet eine beschwingte Radiokolumnistin. Man werde schließlich das Schicksal des Französischen nicht einer Akademie anvertrauen wollen, deren Durchschnittsalter nach der Berechnung eines bekannten Demografen und Statistikers 78 Jahre beträgt! Die Sprache müsse sich doch entwickeln und anpassen dürfen, ohne ein Tribunal von Siechen um Erlaubnis zu bitten, höhnen sie. Diese griesgrämigen alten Knacker wollen, dass die Sprache über uns verfügt, aber das lassen wir nicht zu, denn wir verfügen über die Sprache. Wir haben lange genug unter ihrem Joch gelebt. Jetzt müssen wir die Kontrolle übernehmen und eine gründliche Inspektion durchführen, um die Sprache den Normen der künftigen Welt anzupassen. Es ist an uns, die Regeln abzuschaffen und mit den schlechten Gewohnheiten der Vergangenheit aufzuräumen, durch die Frauen immer noch unsichtbar bleiben. Wir werden dafür sorgen, dass im öffentlichen Diskurs »keiner« nur noch in Begleitung des Wortes »keine« verwendet wird. Und das Wörtchen »jedermann« werden wir nur noch aussprechen, wenn wir ihm »jede Frau und« voranschicken, um so der Herrschaft des Maskulinen ein Ende zu setzen. Wir werden das »Vaterland« in »Mutterland« umtaufen. Filme von Agnès Varda werden wir nie mehr *herr*lich, sondern nur noch *frau*lich finden. Und jede_r von uns ist stolz auf den/die_jenige_n, der/die in Paris ein riesiges Banner aufgehängt hat mit der Forderung: »Kostenlose Abtreibung für jede_n«.[84] Wenn wir so unseren Willen kundtun, dass niemand von irgendetwas ausgeschlossen werden soll, tragen wir dazu bei, den Beginn einer wirklich egalitären Gesellschaft einzuläuten.

Als Hélène Carrère d'Encausse und Pierre Nora mich aufgefordert haben, für die Aufnahme in die *Académie française* zu kandidieren, verschlug es mir die Sprache. Ich unter der Kuppel der Akademie? An so etwas hatte ich im Traum nicht gedacht. Und jetzt, als es möglich erschien, war ich mir weder sicher, ob ich das verdiente, noch ob ich das wirklich wollte. Wie konnte ich mir zutrauen, mich in die Gesellschaft jener großartigen Menschen zu begeben, von deren Geist dieser Ort erfüllt ist? Es war ja nicht so, dass ich Auszeichnungen nachlief, und ein unvergesslich grimmiger Ausspruch von Bernanos (von ihm schon wieder) hatte sich mir eingeprägt: »Es gibt Wahrheiten, die man weder sagen noch schreiben darf, solange man verkleidet herumläuft.« Ich war geschmeichelt und zugleich verlegen, ich zögerte, ich wusste nicht, was ich tun sollte. Ich war zu wenig von mir selbst überzeugt, um dieser völlig überraschenden Aufforderung nachzukommen, und es schien mir anmaßend, sie einfach abzulehnen. Mir wurde der Kopf heiß von all den Argumenten für und wider. Doch eine Entscheidung musste fallen, und ich suchte bei meiner Familie Rat. Es war dann mein Sohn, der den Ausschlag gab, als er mir sagte: »Denk an deine Eltern und tu es für sie!« Das rührte mich, und ich beschloss zu kandidieren. Trotz heftiger interner Opposition wurde ich gewählt. Ein nachträglich bei Marcel Pagnol entdeckter Satz beseitigte die Zweifel, die mich noch quälten: »Es ist eine Ehre für mich, eine Schule einzuweihen, die meinen Vornamen und den Namen meines Vaters trägt.« Wie zu erwarten war, reagierte die Spaßpartei der Gegenseite auf meine Wahl mit Spott und Sarkasmus. Nicht umsonst hatte ich ihre Demokratisierungsinitiativen scharf kritisiert: Man habe mich nun endlich belohnt, nachdem ich jahrzehntelang ausschließlich im Dienst der Reaktion gestanden hätte, dürfte ich die Früchte meiner Arbeit ernten, gehörte nun zum engen Kreis der Würdenträger in Kunst und Kultur, nähme einen Platz auf der Ehrentribüne ein, wäre jetzt eine »wichtige Persönlichkeit«; ich hätte mich definitiv auf die Seite der Etablierten geschlagen. Eine großartige Apotheose!

Die Wortführer der Gegenwart zeichnen sich durch die Überzeugung aus, dass sie es sind, die die vorherrschenden Ideen bekämpfen. Sie vertreten die Doxa gerade deswegen so gern, weil sie im romantischen Gewand der Ketzerei auftritt. Diese »Rebellokraten«, wie Philippe Muray sie bezeichnet, üben Herrschaft aus und bilden sich gleichzeitig etwas darauf ein, die herrschende Ordnung zu verspotten. Sie sehen dem Bürgertum nichts nach und vergessen dabei – oder geben sich diesen Anschein –, dass das Bürgertum schon längst das Nachsehen hat. Sie blasen zur Attacke gegen einen dahingeschiedenen Konformismus und ersetzen ihn tollkühn durch den nagelneuen Herdentrieb. Sie normieren Sprache und Ideen besonders inbrünstig, wenn sie felsenfest daran glauben, einer Norm zu trotzen und gegen Ungleichheiten anzukämpfen. Unterhaltungskünstler, Kommentatoren oder Denker, alle beanspruchen sie, die Dissidenz in Person zu sein, während sie selbst es sind, die in unserer Gesellschaft den Ton angeben. Sie werfen der Akademie vor, ihre Gesetze zu diktieren; dabei ist diese Institution so verschrien, fragil und verwundbar geworden wie die Sprache, der sie mit rührender Hartnäckigkeit die Treue hält und die sie nicht kampflos aufgeben will. Gerade wegen dieser ihrer Schwäche und ihrer Beharrlichkeit glaube ich, trotz meiner nur allzu offensichtlichen Unzulänglichkeiten, in der Akademie am richtigen Platz zu sein. Ich bedaure nur, dass man uns immer noch mit dem völlig verfehlten Namen der »Unsterblichen« bezeichnet. Es gibt uns – ja, aber, um es mit den wunderbaren Worten Rainer Maria Rilkes zu sagen: »vergänglich, traun sie ein Rettendes uns, den Vergänglichsten, zu.«[85]

Der Spott wird dennoch kein Ende nehmen. Ich hoffe, wir lassen uns nicht zermürben und geben nicht etwa das uns anvertraute Vergängliche preis, um das Wohlwollen der Progressisten von heute zu gewinnen. Das wäre ohnehin verlorene Liebesmüh. Auch wenn wir im Wörterbuch unter »Ärztin« nicht mehr auf »Arzt« verweisen, sondern unter beiden Einträgen nach »weibliche Person, die« bzw. »männliche Person, die« die identische Definition folgen lassen, das grammatische Geschlecht von Berufsbezeichnungen grundsätzlich an das biologische Geschlecht koppeln und so die klassische Trennung von Funktion und Person in die Unterwelt der Phallokratie verbannen würden, selbst dann wären wir in den Augen der neuen Verfechter der Gleichberechtigung immer noch zu langsam, zu schwerfällig, zu kleinmütig. Wir könnten uns noch so sehr um Nachsicht bemühen und sogar darauf verzichten, Einspruch dagegen zu erheben, dass *der* Arzt als »Person, *die*« definiert wird, die Komiker im Fernsehen und die Vorhut der Philosophieprofessor*innen würde weiterhin lächerlich finden, wie wenig und wie spät wir reagieren. Statt diesen Spott hinzunehmen und den Kritikern eilfertig nachzulaufen, haben wir die Pflicht, der Sprache zu Hilfe zu kommen, wenn sie in Gefahr gerät, weil die Wächter*innen der öffentlichen Rede sie nicht mehr verstehen und vergessen haben, dass man sie lieben kann.

VI Der Skandal

»ER WURDE GEBOREN, arbeitete und starb.« Dieser Satz, den Heidegger über Aristoteles sagte, trifft auf ihn selbst leider nicht zu. Ohne Zweifel lebte er für das Philosophieren, widmete sich ihm ohne Unterlass wie Aristoteles oder, um seinen eigenen Ausdruck zu übernehmen, wie der Schreiner beim »Bauen an einem Schrein«, aber er fand trotzdem die Zeit, sich der nationalsozialistischen Bewegung anzuschließen. Der größte Denker dieser Zeit glaubte an Hitler, der doch nie ein Blatt vor den Mund genommen oder mit verdeckten Karten gespielt hat. Heideggers Schüler Hans Jonas, davon zutiefst getroffen, spricht von seinem »Einschwenken [...] in den tosenden Gleichschritt der braunen Bataillone«.[86] Als einfacher Leser war ich selbst bestürzt, schockiert; doch ich fand Trost darin, dass ich von dieser Verirrung, die er mit dem Ausdruck »eine große Dummheit« schöngeredet hat, keine Spur in seinem Werk fand. Ich studierte seine Texte, ohne dass mir dasselbe begegnete wie etwa bei Nietzsche oder Hegel. Ich war nicht Zielscheibe verbaler Aggressionen. Heidegger sagte weder, dass die Juden »das verhängnisvollste Volk der Weltgeschichte« seien, noch, »dass die Wurzel des Judentums [...] der Dienst, die Knechtschaft eines Fremden« sei.

Was mich dagegen sehr berührt hat, war die Schilderung des ersten Treffens zwischen Heidegger und Paul Celan in Rüdiger Safranskis schöner Biografie des Philosophen. Celan war am 24. Juli 1967 an der Universität Freiburg zu einer Lesung eingeladen. Mehr als tausend Zuhörer waren gekommen. Heidegger saß in der ersten Reihe. Er war in den Tagen zuvor durch die Buchhandlungen der Stadt gegangen und hatte darum gebeten, Celans Gedichtbänden in den Schaufenstern einen bevorzugten Platz einzuräumen. »Bei seinem ersten Rundgang durch die Stadt konnte der Dichter überall in den Buchhandlungen seinen Gedichtbänden begegnen und berichtete erfreut davon bei einem Treffen mit einigen Bekannten im Foyer des Hotels, eine Stunde vor Beginn der Lesung. Martin Heidegger, der auch anwesend war, verriet seine hilfreichen Vorgespräche nicht.«[87]

Zur gleichen Zeit studierte Jean-Luc Marion an der *École normale supérieure* in Paris. Für die Studenten, die im Deutschen Lücken hatten, gab es eine Übung. Der Repetitor erläuterte den Anfängern den Gebrauch der Artikel. »In diesen Stunden wurde totaler Radau gemacht«, schreibt Marion und gesteht, er habe selbst zu den Störenfrieden gehört.[88] Der betreffende Dozent war niemand anders als Paul Celan. Diese handverlesenen jungen Leute wussten nichts von seiner sonstigen Tätigkeit, und Derrida und Althusser, die damals bereits angesehenen Lehrer, die sie auf ihre kommenden Prüfungen vorbereiteten, hatten andere Sorgen, als sie auf den Autor der folgenden Verse aufmerksam zu machen:

Käme,
käme ein Mensch,
käme ein Mensch zur Welt, heute, mit
dem Lichtbart der
Patriarchen: er dürfte,
spräch er von dieser
Zeit, er
dürfte
nur lallen und lallen,
immer-, immer-
zuzu.[89]

Celans Eintrag ins Hüttenbuch in Todtnauberg ist in einem fort kommentiert worden: »Ins Hüttenbuch, mit dem Blick auf den Brunnenstern, mit einer Hoffnung auf ein kommendes Wort im Herzen.«[90] Zu diesem Wort ist es vielleicht nicht gekommen, aber Celan ist nach Freiburg zurückgekehrt, und jeder Besuch habe ihn, sagt Levinas, den man kaum für zu nachsichtig halten wird, tief bewegt.[91] Während der Dichter in Frankreich, wo er seit 1948 lebte, mit seinem Lallen auf taube Ohren stieß, hörte Heidegger ihm aufmerksam zu und wusste ihn zu würdigen. Und die Worte, die er öffentlich nie aussprach, weil er der Meinung war, dass er der schwankenden Meinung der Öffentlichkeit keine Rechenschaft schuldig sei, hat er Karl Jaspers in einem Brief vom 8. April 1950 geschrieben: »Was ich da berichte, kann nichts entschuldigen; es kann nur erklären, inwiefern von Jahr zu Jahr, je mehr das Bösartige herauskam, auch die Scham wuchs, jemals hier unmittelbar und mittelbar mitgewirkt zu haben.«[92]

So weit war ich mit meinen Überlegungen, als die ersten Bände der *Schwarzen Hefte* herauskamen. In diesen zwischen 1930 und 1970 entstandenen Texten, mit denen Heidegger sein umfangreiches Gesamtwerk beschließen wollte, taucht das »Weltjudentum« auf, und zwar nicht in einer Nebenrolle. Dort steht sogar, ihm sei teilweise das Unheil der Neuzeit zuzuschreiben: »Die Frage nach der Rolle des *Weltjudentums* ist keine rassische, sondern die metaphysische Frage nach der Art von Menschentümlichkeit, die *schlechthin ungebunden* die Entwurzelung alles Seienden aus dem Sein als weltgeschichtliche ›Aufgabe‹ übernehmen kann.«[93] Man hätte glauben können, dass zwischen der Heidegger'schen Ontologie und seiner verhängnisvollen Parteinahme eine unüberwindliche Barriere bestand. So eindeutig ist die Sache nun nicht mehr, und wir sind gefordert, endgültig mit jemandem zu brechen, der Wege begangen hat, die zum Schlimmsten führen. Andernfalls würden wir uns, so Richard Wolin, schuldig machen und einen Verrat an der Philosophie fortführen, den Heidegger selbst eingeleitet habe. Und Emmanuel Faye ist noch entschiedener: »Mehr denn je ist es deshalb die Aufgabe der Philosophie, die Menschheit davor zu beschützen und zu warnen. Sie muss der Verbreitung des

Nationalsozialismus durch Heideggers Schriften Einhalt gebieten, um die Gefahr zu beseitigen, dass ein neuerlicher Versuch unternommen werden kann, das Denken völlig zu zerstören und Menschen zu vernichten.«[94]

Was ich in den Teilen der *Schwarzen Hefte*, die mir inzwischen bekannt sind, lesen konnte, hat mich zutiefst betroffen gemacht, und ich werde mich jetzt bestimmt nicht auf eine spitzfindige Exegese einlassen, um dem Skandal die Spitze zu nehmen. Ich werde nicht versuchen, Heidegger zu entschuldigen, indem ich seine kritischen Äußerungen über den Katholizismus ins Feld führe, die erheblich zahlreicher und drastischer sind. Kein Jünger Heideggers wird mich dazu bringen können, Sätze zu schlucken wie: »Und vielleicht ›siegt‹ in diesem ›Kampf‹, in dem um die Ziellosigkeit schlechthin gekämpft wird […] die größere Bodenlosigkeit, die an nichts gebunden, alles sich dienstbar macht (das Judentum).«[95] Ich werde mich jedoch auch nicht ultimativen Äußerungen der Empörten anschließen, denn um einen Skandal handelt es sich ja gerade deswegen, weil Heideggers Werk großartig, nämlich aufklärend ist. Heidegger war sogar noch nie so aktuell für uns, er denkt uns, ob wir wollen oder nicht, seine Diagnose wird jeden Tag aufs Neue bestätigt, und diejenigen, die seine Sehnsucht nach Verwurzelung am heftigsten anprangern, ahnen nicht, wie sehr sie daran arbeiten, ihm recht zu geben. »Wir hängen ebenso wenig an einem Beruf wie an einer Nation oder an sonst einer Identität«, schreibt der

Philosoph Pierre Lévy im Namen der neuen Menschen, der universalen Nomaden. »Unser Speiseplan ist international, Vanille oder Kiwi, Koriander oder Schokolade, chinesische oder indische Küche [...]. Wir hören Musik aus allen Winkeln der Erde: Raï, Rap, Reggae, Samba, Jazz, Pop, Musikformen aus Afrika, Indien, Brasilien, von den Antillen, keltische oder arabische Musik, aus den Studios von Nashville oder Bristol ...«[96] In der *offenen Gesellschaft*, die mit mitleidiger Herablassung auf die kleinkarierte Welt von einst blickt, hat man keinen Sinn für das Unverfügbare: Man muss sich alles bestellen können. Im Gender-Zeitalter wird allmählich auch das Geschlecht optional: synthetisch, formbar, variabel, technisch produzierbar und reproduzierbar, wie die LGBT-Aktivistin Beatriz Preciado (inzwischen Paul B. Preciado) darlegt.[97] Kein festes Tagesgericht mehr, die Welt wird *à la carte* verkostet. Wir shoppen uns unsere Identität im Warenhaus der Diversität. Die gute neue Zeit hat einen glorreichen Namen für dieses Fest des grenzenlosen Konsums gefunden: die Kulturvermischung. So herrscht das *Gestell*, und ausgerechnet die Antirassisten, die Heidegger anprangern, machen sich selbst zum Teil dieser Entwicklung.

Und es kommt noch besser: Das *Gestell* wird judaisiert. Der globalisierte Mensch hat heute das große Los gezogen. Die zeitgenössische Philosophie verehrt ihn. Sie verherrlicht seine Bindungslosigkeit, sie schmeichelt seinem Weltbürgertum, man findet kaum genug der lobenden Worte. Für

Michel Serres sind diese Menschen Engel, die, mit Allgegenwart begabt, das *Dasein* fröhlich begraben. Yuri Slezkine nennt sie die *Merkurianer* (nach dem Götterboten Merkur bzw. Hermes) und verleiht ihnen die höchsten Ehren der Nach-Hitlerzeit: »Das moderne Zeitalter«, schreibt er, »ist das jüdische Zeitalter, und insbesondere das 20. Jahrhundert ist ein jüdisches Jahrhundert. Modernisierung bedeutet, dass jeder urban, mobil, schriftkundig, wortgewandt, geistig beweglich, körperlich anspruchsvoll und beruflich flexibel wird.«[98] Wir sind mitten bei Heidegger: Der jüdische Geist wird mit dem Geist der modernen Technik vermengt, die Entwurzelung alles Seienden außerhalb des Seins ist dem »Weltjudentum« zuzuschreiben. Doch das wirft man diesem nicht mehr vor; im Gegenteil, man ist ihm dankbar dafür. Man legt es ihm nicht mehr zur Last, man hebt es in den Himmel. Jetzt bewundert man die Juden gerade für das, was sie eben noch bedrohlich erscheinen ließ. Im düsteren Schatten der Blut-und-Boden-Ideologie verwandelt sich ihr grundlegender Makel – die fehlende Verwurzelung – zum definitiven Anspruch auf Anerkennung. Und was die aufgeklärten Beobachter unserer Zeit nun unglücklich macht, ist der Umstand, dass die Juden – welch fataler Anachronismus – einen neuen Weg gehen und sich selbst untreu werden. Während die *somewheres* ihre Schmetterlingsflügel entfalten und als *anywheres*[99] davonflattern, kehren die Juden in den Kokon zurück. Sie waren überall, und jetzt lassen sie sich doch tatsächlich an einem festen Ort nieder. Genau im falschen Moment tauschen sie die Chagall'sche Leichtigkeit gegen das erdenschwere Da-Sein. Sie waren so lange frei im Überall, und jetzt entdecken sie, oder entdecken wieder, wie schön es ist, irgendwo heimisch zu sein. Diese großartigen Exilanten erliegen dem Aberglauben des Bodenständigen. In einer Welt, die sich ganz der universalen Herrschaft Merkurs verschrieben hat, treffen sie eine unpassende Festlegung. Ob sie selbst dort leben oder nicht, sie sind besessen von einem kleinen Stück Land, ihr Herz schlägt für Zion, und nun wählen sie gar den Moment, in dem die Avantgarde der Gois jüdisch sein will, um selbst das Jüdische abzulegen. Diese Verleugnung (oder, was auch behauptet wird, wie wir gesehen haben, diese Besinnung auf die hebräischen Ursprünge) ist das Verbrechen, für das sie sich nun rechtfertigen sollen. Sie werden nicht mehr beschuldigt, die Menschheit durch das Judentum zu verraten, sondern das Judentum und die Menschheit durch ihre Verwurzelung. Weil aber doch ihre Bestimmung im Nomadentum liegt, ist es nun wieder erlaubt, wenn nicht gar Pflicht, sie zu hassen. Unter Berufung auf ihre Bestimmung, in der Diaspora zu leben, und mit Anklängen an Markion, empört man sich über ihre Entscheidung, ein weltliches Vaterland leidenschaftlich zu verteidigen.

Und wenn die globalisierten Menschen, aller Verankerungen ledig, von Bord gehen und Migranten willkommen heißen, d.h., Menschen, die weder durch ihre Herkunft noch durch ihr Ziel, sondern durch das Unterwegssein an sich, und nur dadurch, definiert sind, dann – das ist Slezkines Theorie – sind es Juden, die Juden Beistand leisten. Die Wohltäter und die Empfänger der Wohltaten sind gleichermaßen schwerelos. Die einen wie die anderen sind *unverwurzelt*, und sie vertreten, beide auf ihre Art, den Vorrang des Mobilen gegenüber dem Zuhause. Die einen sagen zu den anderen: »Willkommen bei euch!« Bei euch, wohlgemerkt, nicht bei uns. Uns, euch, das ist alles dasselbe. Der eine ist der andere. Gast und Gastgeber unterscheiden sich nicht mehr: Sie sind beide Merkurianer, die Bewegung ist ihr gemeinsames Schicksal. Im Horizont der Technik gibt es kein Hier und kein Anderswo, da zählt keine Identität, keine Sesshaftigkeit, kein Zuhause, es gibt nur noch Bestand und Fließen, ein Ineinander- und Vorübergehen. Die Grenzen verschwimmen, die Nationen verlieren ihre Konturen, alles ist unterwegs, wechselt den Ort, wird ersetzt, nichts besteht mehr. Die Menschen selbst werden als austauschbar betrachtet, und, Gipfel der Ironie, der Triumph dieses Dispositivs gilt als die Vollendung des Guten.

Die Verwirrung darf so nicht weitergehen. Ich bemühe mich darum, indem ich nicht akzeptiere, dass Heidegger und Heideggers Kritiker den Prozess, der gegenwärtig stattfindet, mit der Aura des Judentums umgeben – sie, um es zu vergöttern, er, um es zu verdammen. Wahrscheinlich kämpfe ich vergebens. Die Globalisierer werden sich ihr schmeichelhaftes Selbstbild nicht so leicht nehmen lassen und sich wahrscheinlich noch lange einreden, dass Völker, die sich weigern, die Last der globalen Migrationsbewegungen zu tragen, vom »Populismus« überrannt und ihrem identitären Leiden erliegen werden.

VII *Amor Mundi*

ZUSAMMEN MIT EINIGEN anderen Privilegierten nahm Jacques Taminiaux 1973 an einem Seminar von Heidegger teil. Mit großer Intensität habe dieser seine Gedanken zu Themen wie Technik, Wohnen und *Gelassenheit* vorgetragen. Die fünf französischsprachigen Seminarteilnehmer folgten gebannt seinen Überlegungen. Heidegger habe mehr zu sich selbst gesprochen, den Blick in die Ferne gerichtet. Doch plötzlich sei er wieder ganz präsent gewesen und habe mit großer Entschiedenheit verkündet: »Der Tourismus sollte verboten werden.«[100]

Taminiaux reagierte zunächst nicht darauf. Erst als er in sein Hotel zurückgekehrt war, stieg ein Gefühl der Empörung und des Zorns in ihm auf. Drohte mit dieser Überlegung das meditierende Denken nicht in einen »despotischen Dezisionismus« abzugleiten? Dieser extreme Wunsch, etwas zu verbieten, das immer mehr Menschen erlaubte, ein fremdes Umfeld zu erleben, schien einen astreinen Nationalismus ans Licht zu bringen, der entweder noch da war oder wieder auflebte.[101] Der Heidegger-Jünger Taminiaux fasste an diesem Tag den Entschluss, sich von ihm zu lösen und auf Abstand zu gehen. In Übereinstimmung mit Kant sagte er sich, dass jeder Bürger der Welt das Recht habe, fremde Länder aufzusuchen und für begrenzte Zeit dort zu leben, und machte sich an eine grundlegende Kritik des Philosophen, der ihn in seinen Bann gezogen hatte.

Nun ist allerdings das *Stellen*, die »Herausforderung« und Ausbeutung des Natur- und Kulturerbes, das Merkmal des zeitgenössischen Tourismus. Für die Technik ist alles Lagerstätte. Der Rhein als Lieferant von Wasserdruck bleibt zwar, sagt Heidegger, »Strom in der Landschaft«, aber nur »als bestellbares Objekt der Besichtigung durch eine Reisegesellschaft, die eine Urlaubsindustrie dorthin bestellt hat«.[102] Die Strände, Berge, Städte, Marktflecken, Museen und Kunstdenkmäler werden zu ebenso vielen Ressourcen und Produkten. Sie werden »erschöpft« und nicht selten entstellt. So ist leider das Dorf Saint-Émilion von der UNESCO zum Weltkulturerbe erklärt worden. Das Ergebnis beschreibt der Anthropologe Jean-Paul Loubes: »Das Erdgeschoss ist in allen Straßen zur Auslage der Winzer und Verkaufsstelle aller touristischen Produkte geworden, der Luxusseifen, Holzschwerter und Mittelalter-Kostüme […], der kleinste Quadratmeter Fläche auf dem Gehsteig, vor den Türen, in den Durchgängen zwischen zwei Häusern wird mit einem oder mehreren Restauranttischen optimal genutzt. Eine riesige Ladengalerie, die sich entlang aller gepflasterten Gassen erstreckt und von Touristen aus aller Welt überlaufen ist, die das hochberühmte Bordeaux-Gewächs als Weltkulturerbe verpackt in die Hand nehmen wollen.«[103] Die kleinen Gassen an anderen Orten, wie z.B. in Positano, einem Juwel der einst wunderschönen amalfitanischen Küste, sind überfüllt mit Urlaubern, die sich alle gleichen: Derselbe stolpert über denselben, die Doppelgänger (Sie und ich) laufen sich über den Weg und hintereinander her, ballen sich in Haufen zusammen, in einem Rundgang, dessen Absurdität noch durch den gleichförmigen Kitsch von Nippes und Schnickschnack gesteigert wird, den die Souvenirläden anbieten, um jeden Besucher so lange wie möglich festzuhalten. Den Liebhabern von Hellas und Homer schnürt es die Kehle zu, wenn sie sehen, wie sich die griechischen Inseln inzwischen mit jeweils eigenen Flughäfen ausgestattet haben. Mit ihren an der gesamten Küste hochgezogenen seelenlosen Hochhäusern ist die Costa Brava zu einer sonnigen Großstadtperipherie verkommen. Die Effizienz der Immobilienwirtschaft hat die einzigartige Schönheit der Landschaft zerstört. Im gleichen Geist der Rationalität und ebenso schwungvoll hat man die großartige Alpenwelt durch die Wintersportorte in Maschinen verwandelt, die im Dauerbetrieb Horden von Skifahrern und Snowboardern berg- und talwärts befördern. Der Norden bleibt der Norden, der Süden der Süden, aber die Modemarken, die in Marrakesch reißenden Absatz finden, sind auch in St. Petersburg Trend. Eigentlich nimmt man das Auto, den Zug, das Flugzeug, um aus dem Alltag auszubrechen, doch das gelingt immer seltener. Wohin man auch geht, fast immer schnappt die Falle zu. Die unerbittliche Masse zwingt auch die Widerspenstigen in ihre Reihen: Die Touristen werden *nolens volens* von Besuchern zu Besatzern. Sie durchqueren die großen Städte, gerade auch Paris, in riesigen bunten Autobussen, mit denen sie die urbane Landschaft verunstalten, um sie besser in Augenschein nehmen zu können.

Von Island bis nach Thailand, über Kroatien, Yukatan oder Tansania, wo man aus Gründen der Attraktivität die Massai mit ihren Herden aus dem großen Nationalpark vertreibt, könnte man zahllose weitere Beispiele nennen. Es gibt immer mehr Sehenswürdigkeiten, die man meiden sollte, um sie vor Invasion und Zerstörung zu bewahren. Wir träumen davon, die Schönheit zu genießen (und dieser Traum ist für beinahe jeden bezahlbar), doch manchmal können wir sie nur noch dadurch schützen, *dass wir nicht hinfahren*, und oft, sogar sehr oft, ist es schon zu spät: Der Schaden ist bereits angerichtet, die Massen haben verwüstet, was sie bewundern wollten. Der Ansturm auf das Unberührte besiegelt sein Ende. Und dann gibt es die geschichtsträchtigen Metropolen, wie z. B. Budapest, wohin man nicht mehr reist, um die architektonischen Schätze zu sehen oder die Bewohner besser kennenzulernen, sondern um sich zu amüsieren, zu feiern. Bei diesen Ausflügen neuen Stils geht es um eine Steigerung des Lebensgefühls, nicht um das Entdecken von Dingen. Und das Markenzeichen des Lebensgefühls von solcher

Art ist Lärm. Ein Lärm, dem, weil er Kasse macht, sich nichts in den Weg stellt. Die Logik der Rentabilität verlangt, dass man die Forderung nach Ruhe ignoriert. Prag erleidet dasselbe Schicksal: An jedem Wochenende beherrscht die grölende Szene des internationalen Tourismus die schönsten Städte Mitteleuropas. Angesichts dieser Lärmkontamination und der übrigen Folgeschäden durch den modernen Tourismus überkommt auch mich gelegentlich der Wunsch, ihn zu verbieten: Alle sollen zu Hause bleiben, denn Reisen bildet die Jugend nicht mehr, es trägt vielmehr massiv dazu bei, die Welt hässlicher und uniformer zu machen! Es soll sich keiner mehr von der Stelle rühren, wenn wir, statt von den »Träumereien eines einsamen Spaziergängers« zu lesen, nur noch von ekstatischen Besucherhorden hören, die ein wunderbares Reiseziel nach dem anderen unter sich begraben! Allerdings glaube ich ebenso wenig wie Heidegger an diese Lösung. Seinen plötzlichen Stoßseufzer mitten in einem angestrengten hochphilosophischen Monolog darf man nicht wörtlich nehmen. Das ist kein Ausbruch diktatorischer Gelüste, sondern gespielte Verzweiflung am Produktions- und Konsumzwang, der sich durch nichts aufhalten oder beruhigen lässt und sich nun auch noch der Freizeit bemächtigt hat. Die Politiker, rechte wie linke, oder auch jene, die den Anspruch erheben, solche Gräben der alten Art überwunden zu haben, wollen nur dafür sorgen, dass die Maschine reibungslos funktioniert. Dieser durchaus rühmliche Ehrgeiz, weil er das

Wohl der Regierten im Auge hat, versperrt ihnen jedoch den Blick auf die Frage, was zu erhalten, zu verhindern, wiederherzustellen oder zu verändern wäre, damit die Welt bewohnbar bleibt. Kurz gesagt: Sie machen Politik und vergessen dabei die Politik. So verschieden die politischen Grundsätze sein mögen, gemeinsam geht es ihnen nur darum, dass *es rund läuft*, nicht darum, wie wir auf unserer Erde leben wollen.

»Nur noch ein Gott kann uns retten«, sagte Heidegger einmal in einem Gespräch. Ich meinerseits hoffe auf ein Erwachen und Erschrecken der Menschen. Ich äußere einen Wunsch, der vielleicht nicht so orakelhaft, aber ebenso fromm wie politisch ist, dass nämlich der *Amor Mundi*, die Liebe zur Welt, in der Definition Hannah Arendts, sich wieder durchsetzen möge. Während ich auf dieses unwahrscheinliche Ereignis hoffe, sind mein Herz und mein Verstand mit nichts so sehr beschäftigt wie mit der zunehmenden Unbewohnbarkeit der Welt. Angesichts der neuen gesellschaftlichen Brüche und der zerstörerischen Herrschaft, die der Geist der modernen Technik in allen Bereichen der Wirklichkeit ausübt, entdecke ich immer neue Symptome dieser Entwicklung. Das ist eine quälende Erkenntnis, doch solange ich trotz der fast unüberwindlichen Schwierigkeiten noch die Kraft dazu finde, wird sie mich anspornen, weiterhin zu schreiben.

Epilog

ZUM SCHLUSS NOCH EIN WORT zur gegenwärtigen gesellschaftlichen Stimmung. Die Erfahrung des Totalitarismus hat Hannah Arendt zu einer einfachen und erhellenden Erkenntnis geführt: Nicht der Mensch bewohnt die Erde, nicht eine Gattung und ihre Repräsentanten, sondern die Menschen in ihrer unendlichen Vielfalt. Die totalitären Systeme waren alles andere als humanistisch, und da sie sich zum Ziel setzten, *den Menschen zu machen*, betrachteten sie ihre Gegner im besten Fall als Abfall der Geschichte, und im schlechtesten als Un-Menschen.

Nach dem Untergang des Kommunismus, weil nun die Zeit der Teilung der Welt in zwei gegnerische Lager abgelaufen schien, glaubte ich wie viele andere, wir könnten den Dialog unter Bürgern wieder aufnehmen und jedem Menschen Gelegenheit geben, von Andersdenkenden auf neue Wege gewiesen, verunsichert, vielleicht sogar belehrt zu werden. Ich stellte mir vor, wir hätten mit dem Gefallen an der Demokratie gemeinschaftlich auch jene Übung in Bescheidenheit wiederentdeckt, die Camus den Demokraten zuschreibt: »Der Demokrat ist bescheiden. Er bekennt sich dazu, nicht alles zu wissen. Er gesteht sich ein, dass sein Bemühen Teil eines Abenteuers ist und dass ihm nicht alles zufällt. Und mit diesem Eingeständnis erkennt er die Notwendigkeit an, sich mit anderen zu beraten, sein Wissen durch das Wissen anderer zu vervollständigen.«[104]

Ich habe mich geirrt. Ich habe einen vorschnellen Schluss gezogen. Wir haben uns mit der Vorstellung von der Pluralität der Menschen nicht ausgesöhnt. Und dass wir damit gescheitert sind, liegt an der Demokratie selbst. Diese Regierungsform, die auf der Diskussion der Bürger beruht, stellt gleichzeitig und im Widerspruch dazu einen unendlichen Prozess dar, in dem eine Angleichung der Lebensbedingungen und die Emanzipation des Einzelnen stattfinden. Dieser Prozess kann nicht infrage gestellt werden. Der Fortschritt ist nicht verhandelbar. Er ist gleichbedeutend mit dem Bewirken des Guten, und der Blick zurück ist dabei ebenso unvorstellbar wie das Verweilen unterwegs. Man verachtet Untätigkeit, verabscheut Nostalgie, und ist fassungslos und verärgert, dass der unterschiedslosen Freiheit immer noch Steine in den Weg gelegt werden: Die Wortführer der Demokratiebewegung sehen in denen, die sich sträuben, nicht Gesprächspartner, sondern Hindernisse. Sie können nichts von ihnen lernen, ihre

Beschwerden finden keinerlei Gehör, ja, sie sind empört, dass diese Menschen auf der Welt noch im Weg stehen, obwohl ihre Zeit abgelaufen ist. »Was machen die noch da?«, fragen sie sich schockiert und perplex. »Wie kann man seine Zeit verlieren und immer noch mit ihnen argumentieren?« Diese Demokraten der zweiten Art üben sich tagtäglich in Selbstgefälligkeit. Ihre Gegner sind bemitleidenswerte Repräsentanten einer untergehenden Welt oder, brutaler ausgedrückt, Lebende, die nicht wissen, dass sie schon tot sind. Den Reaktionären, Obskurantisten, Traditionalisten und der Koalition aller »Phobien« steht nämlich nur noch die Einheitspartei aller Menschen gegenüber. Der Totalitarismus wurde besiegt, doch was er beinhaltet, überlebt im Prozess der Geschichte.

Lessing, einer der Autoren im Pantheon Hannah Arendts, schrieb über das damalige Publikum, es halte »alles, was Streitschrift heißt und ihr ähnlich siehet, [...] für ein wenig allzu ekel [...]. Es scheinet vergessen zu wollen, dass es die Aufklärung so mancher wichtigen Punkte dem bloßen Widerspruche zu danken hat, und dass die Menschen noch über nichts in der Welt einig sein würden, wenn sie noch über nichts in der Welt gezankt hätten.«[105] Es ist das Merkmal der heutigen Zeit, dass man nicht etwa friedfertig oder ängstlich Auseinandersetzungen zu vermeiden sucht, sondern stattdessen erbarmungslos exkommuniziert. Das Ergebnis ist das gleiche: Der Pranger ersetzt die Polemik, und Lessings Plädoyer für den Widerspruch als Mittel zur »Aufklärung wichtiger Punkte« ist aktueller denn je. Wir lassen nicht mehr zu, dass sich verschiedene Formen der *Liebe zur Welt* entfalten und konfrontieren können, sondern die Botschafter des vollendeten Menschentums monopolisieren in aller Unschuld die Entscheidung darüber, was man sagen darf. Ausgerechnet im Namen des demokratischen Anspruchs und der Öffnung zum Anderen hin beabsichtigen sie, ohne Gegenüber, ohne Gesprächspartner, über das Gemeinwesen zu herrschen. Ohne Erfolg, gewiss, doch die Stimmung in der Gesellschaft ist drückend und voller Spannungen. In einer Zeit, in der wir ganz besonders darauf angewiesen wären, lähmt sie das geistige Leben.

Anmerkungen

Statt eines Vorworts: Alain Finkielkraut im Gespräch mit Peter Sloterdijk

1 Alain Finkielkraut, Peter Sloterdijk: *Le battement du monde*. Paris 2006.

2 Neil Postman: *Wir amüsieren uns zu Tode. Urteilsbildung im Zeitalter der Unterhaltungsindustrie*. Frankfurt a.M. 1985.

3 André Malraux: *La Condition humaine*. Paris 1933; dt.: *So lebt der Mensch*. Zürich 1934.

4 Martin Heidegger: *Seminare*, »Seminar in le Thor, 11. September 1969«, Gesamtausgabe, Bd. XV. Frankfurt a.M. 1986, S. 369.

5 Jean Starobinski: *Aktion und Reaktion. Leben und Abenteuer eines Begriffspaares*. Frankfurt a.M. 2001.

6 Edmund Burke: *Reflections on the Revolution in France* (1790); dt.: *Betrachtungen über die Französische Revolution*. Frankfurt a.M. 1967.

7 Johann Wolfgang von Goethe: *Westöstlicher Divan*, »Buch des Unmuts«, in: *Gedichte und Epen*, 2. Band, Hamburger Ausgabe, hrsg. v. Erich Trunz. Hamburg 1962, S. 49.

8 Der französische Titel des Buches von Alain Finkielkraut lautet: *À la première personne (In der ersten Person)*.

9 Alexander Solschenizyn: *Nobelpreis-Rede über die Literatur*, 10. Dezember 1970, übers. v. Helmuth Dehio. München 1974.

I Die Leidenschaftlichkeit der Liebe

10 Alain Finkielkraut: »Bêtises de Rousseau«, *Critique*, November 1974.

11 Annie Ernaux: *Die Jahre,* übers. v. Sonja Fink. Berlin 2017, S. 113.

12 Emmanuel Levinas: *Totalität und Unendlichkeit,* übers. v. Wolfgang Nikolaus Krewani. Freiburg/München 1987, S. 375f.

13 Ebd.

14 Emmanuel Levinas: *Die Zeit und der Andere*, übers. u. mit einem Nachwort versehen v. Ludwig Wenzler. Hamburg 1984, S. 57.

15 Emmanuel Levinas: *Totalität und Unendlichkeit*, a.a.O., S. 379.

16 Emmanuel Levinas: *Die Zeit und der Andere*, a.a.O., S. 57.

17 Jean-Jacques Rousseau: »Brief an d'Alembert über das Schauspiel«, in: *Schriften,* Bd. 1, hrsg. v. Henning Ritter. München 1978, S. 462f.

II Die Judenfrage und kein Ende

18 Jean-Paul Sartre: *Betrachtungen zur Judenfrage*, übers. v. Hedi Wurzian. Zürich 1948, S. 80f.

19 Philip Roth: *Der Ghostwriter,* übers. v. Werner Peterich. München 1980, S. 144.

20 Zit. in: Valérie Igounet: *Histoire du négationnisme en France*. Paris 2000, S. 295.

21 Zit. in: Jean-Denis Bredin: *L'Affaire*. Paris 1993, S. 14.

22 Zit. in: Valérie Igounet, a.a.O., S. 290.

23 Noam Chomsky, in: Robert Faurisson: *Mémoire en défense contre ceux qui m'accusent de falsifier l'his-*

toire, la question des chambres à gaz. Paris 1980, »Préface«, S. 6.

[24] Jean-Luc Godard, zit. in: Alain Fleischer: *Courts-circuits*. Paris 2009, S. 289.

[25] Luis Sepúlveda: *Une sale histoire*. Paris 2005, S. 44.

[26] José Saramago, zit. in: Pierre-André Taguieff: *La Nouvelle Propagande anti-juive*. Paris 2010, S. 49.

[27] Houria Bouteldja: *Les Blancs, les Juifs et nous. Vers une politique de l'amour révolutionnaire*. Paris 2016, S. 17f.; Sartres Satz in: Frantz Fanon, *Die Verdammten dieser Erde*, übers. v. Traugott König, »Vorwort«. Frankfurt a.M. 1966, S. 18.

[28] Aharon Appelfeld: *L'Héritage nu*. Paris 2006, S. 84.

[29] *Das Neue Testament, Der Brief an die Epheser*, 2, 14.

[30] Adolf von Harnack: *Marcion*. Berlin 2003, »Antithesen« XVIII u. III.

[31] Alain Badiou, Éric Hazan: *L'Antisémitisme partout, aujourd'hui en France*. Paris 2011, S. 18.

[32] Zit. in: Douglas Murray: *Der Selbstmord Europas. Immigration, Identität, Islam*, übers. v. Krisztina Koenen. München 2018, S. 173.

[33] Maurice Blanchot: *Die Schrift des Desasters*, übers. v. Gerhard Poppenberg u. Hinrich Weidemann. München 2005, S. 104.

[34] Gilles Deleuze: »Die Größe von Jassir Arafat«, in: *Schizophrenie und Gesellschaft. Texte und Gespräche von 1975 bis 1995*. Frankfurt a.M. 2005, S. 226.

[35] Monique Chemillier-Gendreau: *Le droit au retour. Le problème des réfugiés palestiniens*. Paris 2002, S. 394.

[36] Danièle Sallenave: *Dieu.com*. Paris 2004.

[37] John J. Mearsheimer, Stephen M. Walt: *Die Israel-Lobby. Wie die amerikanische Außenpolitik beeinflusst wird,* übers. v. Ulrike Bischoff, Claudia Buchholtz, Birgit Lamer. Frankfurt a.M. 2007, S. 129f.

[38] Jean Soler: *La violence monothéiste*. Paris 2008, S. 386.

[39] Der *Code noir* war ein lange vergessenes, aber bis 1848 gültiges Gesetzeswerk zur Sklaverei in den französischen Kolonien [Anm. d. Übers.]. Siehe hierzu Louis Sala-Molins: *Le code noir ou le calvaire de Canaan*

(Paris 1998) und vor allem *Le Livre rouge de Yahvé* (Paris 2004): In dieser gehässigen Neufassung des Pentateuch legt er Moses die folgenden Worte in den Mund: »Von den Städten dieser Völker, die Gott dir anheimgibt, wirst du nichts Lebendiges übriglassen. Alle ihre Bewohner wirst du auslöschen. Das ist der Bann, das ist der Völkermord, die Wörter ändern sich, nicht die Sache, du kannst dich nicht täuschen: es ist ›du existierst, du hast unrecht, ich töte dich‹« (S. 222). La Dispute ist, das sei hier betont, ein Verlag der extremen Linken.

40 Vgl. Gianni Vattimo: »How to become an Anti-Zionist«, in: Gianni Vattimo, Michael Marder (Hrsg.): *Deconstructing Zionism*. London/Oxford 2014.

41 Wladimir Rabinovitsch (Rabi), zit. in: Renée Poznanski: *Propagande et persécutions, la Résistance et le »problème juif« 1940–1945*. Paris 2008, S. 584.

42 J. L. Talmon: »La patrie en danger. Lettre ouverte à Menahem Begin«, in: *Le Débat*, Nr. 11, 1980, S. 58.

III Begegnungen

43 Michel Foucault: *Überwachen und Strafen*, übers. v. Walter Seitter. Frankfurt a.M. 1976, S. 397.

44 Michel Foucault: »Bio-Geschichte und Bio-Politik«, in: *Schriften III*, übers. v. Michael Bischoff, Hans-Dieter Gondek, Hermann Kocyba u. Jürgen Schröder. Frankfurt a.M. 2003, S. 127.

45 Michel Foucault: »Die Ideenreportagen«, in: *Schriften III*, a.a.O., S. 886.

46 Milan Kundera, zit. in Jacques Rupnik: *L'Autre Europe, crise et fin du communisme*. Paris 1990, S. 257.

47 Milan Kundera: *Das Buch vom Lachen und Vergessen*, übers. v. Susanna Roth. München 2003, S. 33.

48 Marcel Proust: *Auf der Suche nach der verlorenen Zeit*. Frankfurt a.M. 1978, Werkausgabe, Band 11, S. 364.

49 Maurice Blanchot: *Der Gesang der Sirenen*, übers. v. Karl August Horst. München 1962, S. 272.

[50] Michel Foucault: *Die Ordnung der Dinge*, übers. v. Ulrich Köppen. Frankfurt a.M. 1971, S. 366.

[51] Gustave Flaubert, zit. in: Milan Kundera: *Der Vorhang*, übers. v. Uli Aumüller. München 2005, S. 84.

[52] Marcel Proust, zit. in: Milan Kundera: *Der Vorhang*, a.a.O., S. 130.

[53] Marc Fumaroli: »Pour les humanités«, in: *Partis pris. Littérature, esthétique, politique*, Paris 2013, S. 660.

[54] Joseph Conrad: *Le Nègre du »Narcisse«*, Paris 1982, S. 11.

IV Auf der Suche nach der gegenwärtigen Zeit

[55] Milan Kundera: »Die Tragödie Mitteleuropas«, in: Erhard Busek, Gerhard Wilflinger (Hrsg.): *Aufbruch nach Mitteleuropa: Rekonstruktion eines versunkenen Kontinents*. Wien 1986, S. 133.

[56] Pierre Manent: *La Raison des nations. Réflexions sur la démocratie en Europe*. Paris 2006, S. 42.

[57] »Unbeugsames Frankreich«, »France Insoumise« (FI) ist eine linkspopulistische Partei in Frankreich [Anm. d. Übersetzers].

[58] Élisabeth Badinter, in: Georges Bensoussan (Hrsg.): *Une France soumise. Les voix du refus*. Paris 2017, S. 13.

[59] Charles Péguy: »Par ce demi-clair matin«, in: *Œuvres en prose,* Band II. Paris 1987, S. 96.

[60] Charles Péguy: »Notre patrie«, in: *Œuvres en prose*, Band II. Paris 1987, S. 61.

[61] Maurice Barrès, zit. in: Zeev Sternhell: *Maurice Barrès et le nationalisme français*. Brüssel 1985, S. 259f.

[62] Antoine de Saint-Exupéry: *Romane, Briefe, Dokumente*, »Brief an General Chambe«, hrsg. und übers. v. Reinhard Schmidt. Düsseldorf 2015, S. 269.

[63] Alain Finkielkraut: *Le Mécontemporain. Péguy, lecteur du monde moderne*. Paris 1991 [Anm. d. Übersetzers].

[64] Gershom Scholem: »Juifs et Allemands«, in: *Fidélité et utopie*, Paris 1978, S. 95.

[65] Charles Péguy: *Das Geld,* übers. v. Alexander Pschera. Berlin 2017, S. 92f.

[66] Milan Kundera, in Erhard Busek, Gerhard Wilflinger: *Aufbruch nach Mitteleuropa*, a.a.O., S. 143.

[67] Ebd., S. 142.

[68] Pierre Bourdieu, Jean-Claude Passeron: *La Reproduction. Éléments pour une théorie du système d'enseignement.* Paris 1970, S. 19.

[69] Friedrich Nietzsche: »Von den Taranteln«, in: *Also sprach Zarathustra*, 2. Teil. München 2009.

[70] Tragikomödie von Edmond de Rostand von 1897. Der sprachgewaltige, romantische, durch eine überlange Nase entstellte und unglücklich liebende Titelheld opfert sich für seinen Rivalen auf [Anm. des Übersetzers].

[71] Jean Dubuffet: *Wider eine vergiftende Kultur,* Schriften Band II, hrsg. v. Andreas Franzke, übers. v. Elke Kronjäger. Bern/Berlin 1992, S. 124f.

[72] Ebd., S. 72.

[73] Georges Bernanos: *Das Haus der Lebenden und Toten*, übers. v. Carl-Heinz Eickert. Düsseldorf 1951, S. 89.

[74] Nicolas Offenstadt, in: *Libération*, 16. Oktober 2015.

[75] Thierry Thuot, »La grande nation pour une société inclusive«, Bericht zur Vorlage an den Premierminister zur Reform der Integrationspolitik vom 1. Februar 2013. Fünf Arbeitsgruppen waren an der Entstehung dieses Berichts beteiligt.

[76] Alain Badiou: »Sinistre comédie d'un raciste habillé en anti-rassiste«, in: *Le Média*, 20. Februar 2019.

[77] Léon Werth: *Als die Zeit stillstand. Tagebuch 1940–44*, übers. v. Barbara Heber-Schäber u. Tobias Scheffel. Frankfurt a.M. 2017, S. 60.

V Der Heidegger-Schock

[78] Emmanuel Levinas: *Die Zeit und der Andere*, übers. u. mit einem Nachwort versehen v. Ludwig Wenzler. Hamburg 1984, S. 12.

[79] Martin Heidegger: *Die Grundbegriffe der Metaphysik*,

hrsg. v. Friedrich-Wilhelm v. Herrmann, 3. Aufl. Frankfurt a.M. 2004, S. 17.

80 Ders.: *Was heißt Denken?*. Tübingen 1954, S. 50.

81 Ders.: »Die Frage nach der Technik«, in: *Vorträge und Aufsätze*. Tübingen 1954, S. 23.

82 Ders. in: Martin Heidegger, Elisabeth Blochmann: *Briefwechsel 1918–1969*. hrsg. von Joachim W. Storck. Marbach 1989, S. 93.

83 Georges Bernanos: *Wider die Roboter*, übers. v. Werner von Grünau. Köln/Berlin 1949, S. 159f.

84 Jean-Claude Michéa: *Le Loup dans la bergerie: Libéralisme & idéologie des droits humains*. Paris 2018, S. 88.

85 Rainer Maria Rilke: *Duineser Elegien*, 9. Elegie, in: Rainer Maria Rilke: *Werke, Band 1·2, Gedicht-Zyklen*. Frankfurt a.M. 1982, S. 475.

VI Der Skandal

86 Hans Jonas: *Erinnerungen*. Frankfurt a.M. 2003, S. 299.

87 Rüdiger Safranski: *Ein Meister aus Deutschland. Heidegger und seine Zeit*. München 1994, S. 485f.

88 Jean-Luc Marion: *Die Stringenz der Dinge*, übers. v. Ulli Roth unter Mitarbeit v. Alwin Letzkus. Freiburg/München 2020, S. 29.

89 Paul Celan: *Sämtliche Gedichte. Kommentierte Gesamtausgabe*, hrsg. und kommentiert v. Barbara Wiedemann. Frankfurt a.M. 2005, S. 133.

90 Zit. in: Rüdiger Safranski: *Ein Meister aus Deutschland*, a.a.O., S. 486.

91 Emmanuel Lévinas: »Paul Celan«, Anm. 1, in: *Eigennamen. Meditationen über Sprache und Literatur*. München 2008.

92 Martin Heidegger, in: Walter Biemel, Hans Saner (Hrsg.), *Martin Heidegger, Karl Jaspers. Briefwechsel 1920–1963*. München 1992, S. 201.

93 Martin Heidegger, zit. in: Peter Trawny: *Heidegger und der Mythos der jüdischen Weltverschwörung*. Frankfurt a.M. ^{2}2014, S. 33.

[94] Emmanuel Faye: *Heidegger. Die Einführung des Nationalsozialismus in die Philosophie*, übers. v. Tim Trzaskalik. Berlin 2009, S. 431.

[95] Martin Heidegger: *Überlegungen VII–XI 1938–39*, Gesamtausgabe, Band 95, S. 96f.

[96] Pierre Lévy: *World philosophie*. Paris 2000, S. 15f.

[97] Paul B. Preciado: *Testo Junkie. Sex, Drogen und Biopolitik in der Ära der Pharmapornografie*, a. d. Französischen übers. v. Stephane Geene. Berlin 2016.

[98] Juri Slezkine: *Das jüdische Jahrhundert,* übers. v. Michael Adrian, Bettina Engels, Nikolaus Gramm. Göttingen 2006, S. 23.

[99] David Goodhart: *The Road to Somewhere. Die populistische Revolte und die Zukunft der Gesellschaft*, übers. v. U. Strerath-Bolz, Th. Käsbohrer, Susanne Guidera. Iffeldorf 2020.

VII *Amor Mundi*

[100] Jacques Taminiaux: *La Fille de Thrace et le penseur professionnel. Arendt et Heidegger*. Paris 1992, S. 37.

[101] Jacques Taminiaux, ebd.

[102] Martin Heidegger: »Die Frage nach der Technik«, in: *Vorträge und Aufsätze*. Tübingen 1954, S. 23f.

[103] Jean-Paul Loubes: *Tourisme, arme de destruction massive*. Paris 2015, S. 42.

Epilog

[104] Albert Camus: *Réflexions sur une démocratie sans catéchisme*, in: *Œuvres complètes*, Band II. Paris 2006, S. 717.

[105] Gotthold Ephraim Lessing, »Wie die Alten den Tod gebildet. Vorrede«, in: *Werke*, hrsg. v. Herbert G. Göpfert, München 1974, Bd. VI: *Kunsttheoretische und kunsthistorische Schriften,* S. 407.